子育てサークル「風の子」通信

# 仲間といっしょに
# 楽しく子育て

### 藤田浩子 著
Hiroko Fujita

アイ企画

# まえがき

「風の子サークル」藤田浩子さん

　「風の子サークル」は子どもを預けて活動するサークルです。預ける親も楽しく、預けられる子どもも楽しく、預かる保育者も楽しく、皆んなが楽しく、皆んなが成長していくにはどうしたらいいか考え合うサークルなのです。三者三様皆んながトクをする「三方一両損」ならぬ「三方みんなトク」するためにどうしたらいいか、話し合っているサークルということです。

　♡まず子ども。受身の言葉で「預けられる子」と書きましたが、親の活動に「邪魔だから預ける」のではありません。親が「風の子」サークルの活動を楽しみに通ってくるように、子どもも「風の子」サークルのお友だちと遊ぶことを楽しみに通ってくるのです。そのためには、風の子サークルに来る時間が、子どもにとっていちばんいい状態になるように生活のリズムを作らなければなりません。具体的には「早寝早起き朝ごはんをしっかり食べて」ということですが、「風の子」サークルに来る日だけ努力してもうまくいかないことにすぐに気がつきます。
　見知らぬおばちゃんやお友だちと親しくなるには、その前提として、人間関係ができていなければなりません。いちばん身近な人間である母親としっかり信頼関係ができているかどうか（私の言葉でいえば「安心の場」ができているかどうか）、それが未知の領域（「冒険の場」）にうまく入っていけるかどうかの鍵になることが多いのです。うまく入り込めれば、そこはもう未知の場ではなく既知の場になりますから「冒険の場」は「安心の場」に変わり、子どもたちも楽しく過ごせるのです。

♡次に親。風の子サークルの活動に参加して、いちばん大変なのは親ですね。参加するまでに生活習慣もきちんと身につけて、子どもとの信頼関係も培ってきた、社会とのつながりも親子で持っていたというような方ならどうということもないでしょうけど、そんな100点満点のお母さんなんか、いままで一人もお目にかかったことはありません。皆んな「え～！　かわいがっていたつもりだったのに～」と自分の子育てを見直す、ということは自分の生き方を見直すということにもつながります。子育てを見直し、生き方を見直す、これが風の子サークルの話し合いです。と言っても難しい哲学を話し合っているわけではありません。「テレビを消せなくて」「朝ごはんを食べなくて」「寝るのが遅くて」という発言に「うちではこんなふうにしている」という親からそのコツを聞いたり、保育者から子どもたちの様子を聞いて、睡眠不足やテレビが子どもたちの遊びとどう関連しているか考え合ったりするだけです。また「預ける」というのはどういうことなのか、それも話し合っています。

　♡最後に保育者。「風の子」サークルでいちばんトクしている人たちです。他人の子をお世話することで、わが子を見るときとは別な視点で子どもをみることができるようになります。自分の子育てに大いに役立つでしょう。それと親の見ていないときの子どもの様子を親に伝えるという経験を通して「人にものを伝えることの難しさ」も勉強していきます。

◇子ども同士のトラブル
　　　上の子、下の子／ケンカ、親の対処法は？
　　　　やったり　やられたり　大人の対応……6〜21
◇子どもの生活習慣……24
◇公園でのおもちゃの貸し借り……27
◇ご近所の苦手なお母さんとの付き合い方……32
◇家族と子育ての意見が合わない！……37
◇お姑さんとのお付き合い……50
◇断乳（卒乳）はいつがいいの？……60
◇おむつは　いつ頃はずしたらいいの？……63
◇2歳の反抗期　どうしてる？……71
◇テレビと　どう付き合う？……78
◇男の子の育て方、女の子の育て方は違うの？……83
◇子ども叱り方、注意の仕方……91
◇"しつけ"ってなに？……100
◇子どもの自己主張　どう対応したらいい？……108
◇子離れは　いつすればいいの？……116
◇子どもに手をあげたこと　ある？……122

## 「風の子」サークル

　風の子サークルは社会の小さな縮図です。いろいろな方が参加します。その方たちとどう関わり、お互いの立場を認め合うか、保育者ともども学んでいく会になっています。私の味わった充実感をぜひ若いお母さんに経験してほしいと思っています。私も皆んなといっしょに成長している途中です。　「風の子」サークル創設者・河上るみ子

　＊本書は親子で育つ「風の子サークル通信」2001年4月 Vol.1 〜 2016. 1月 Vol.164 に掲載された「子育てテーマ」から改題・改文を施したものです。

◇子どもを叩いてしまう！……124
◇一人で子育てしていると　落ち込んでしまう！……130
◇子どもにとっての「安心の場」になっている？……138
◇子どもを 「待つ」ということ……144
◇赤ちゃんの頃から預けるから学べるの……151
◇なぜ子育てに絵本？……156

♣いじめたり、いじめられたり……22
♣育自力・育児力……59
♣他人のせいにしない生き方……77
♣テレビと子ども……79
♣「何を（what）どう（how）叱るか」は、親の生きる姿勢です……98
♣なんども叱られて、褒められて、学習していくのです……115
♣昔は、大家族で子育てをしていたけど……143
♣子育てに絵本「もの語る」……158
♣藤田さんに質問です！……159
♣仲間といっしょに子育てをしましょう……164

本文囲み枠は藤田浩子おばさんの
おしゃべりです。

　この本は、28年続いている「子育て座談会」から抜粋しています。いつの時代も、子育ての本質は変わらないけど、子育ての悩みは、その時代の社会環境を反映しています。一人で悩まないで、一人で抱え込まないで、皆んなで子育てをしていきましょう。

## 子ども同士のトラブル　どうかかわるの？

父親といっしょに公園にきていた、やたら戦いモードの男の子がいたんです。うちの子（1歳）はその気がなく、お友だちと仲良く遊んでいて……。幸い、相手にしてくれないと思ったみたいで何事もなかったけど、一方的に戦ってきたら止めようかどうしようかと？　（Aさん）

**父**親って、目の前で自分の子どもが危ない事をしているのに止めない人が多いでしょ。自分が普段子どもを見ていないから、どうしたらいいのかわからないっていうか。（Bさん）

**う**ちの上の子は赤ちゃんのときから激しくて、ほかの子に乱暴してハラハラしていたんです。赤ちゃんのする事なので止めていいのか、どうなのか迷ってばかりいました。（Cさん）

**上**の子が3歳のとき、近所に5歳のとても乱暴な子がいて、いつもお腹をけったりするの。ある日、子ども同士でやり合った方がいいのかなって（経験としてね）。やり返すことも覚えた方が……なんて思ってしまって。うちの子がやられているのに、だまって見てたことがあるので、後から思うと「こんな危ない目に会っているのにお母さんは助けてくれない」という思いを植えつけたかもと反省しました。私への不信感が芽生えたかも。（Dさん）

**必要**あるケンカなのか、必要ないケンカなのか、力の差が大きくあるのか、ないのか！？　大人に見分ける力が必要ね。

**近**所の5歳の子が荒れてるのを、その子のお母さんに言っても、かえって事態は悪化しそうだし……、わかってくれなさそうなので、その子のおばあちゃんに言いにいったのです。「ちょっと荒れているので幼稚園で何かあったの」って（Dさん）

## どうして、お母さんに言うと悪化するの？

そのお母さんは、その子を頭ごなしにものすごく怒りそうで、ますますその子が荒れてしまうだろうと……思って。（Dさん）

## 親に言うとかえって逆効果ってわけね。「あんたのせいで!」て感じで。

私の失敗談なんですが、上の子が通っていた幼稚園は毎週、山登りをするんです。山登りを安全にって列で歩いて、前の人との間を空けてはいけないとか、ころんではいけないとかルールがあるんです。山登りの終了後、先生に「おたくのお子さん『先生！ ○○ちゃんが間を空けてます』『先生！ ○○くんがつまづきました』って、自分もできていないのに人のことばかり言っています」と言われて「すいません。よく言ってきかせます」とあやまったのですが……、そしたら「お母さんが変わらないと、お子さんも変わりません」と言われてしまいました。もー、つい帰り道に、「あんたのおかげで!!」と怒ってしまいました（笑）（Eさん）

## 親が変われば子も変わる。という経験をした方います？

上の子が年中のときに、下の子が生まれ、しばらくするとやたら人に当たるような荒れ方をするようになって、幼稚園の先生にも言われました。下が生まれて愛情不足と感じているんだなと。それから幼稚園に行く前に少し2人きりで遊ぶようにしたら1週間で収まりました。（Hさん）

　それと先生が親に、悪いことを言うときは、この親なら言っても大丈夫と思って言うのです。自分が見ていない子の姿を見てくれるほかの目があるということは大事です。また、そういう人の言うことを素直に聞ける親であることも大切です。

　そうね、下が産まれ、親としては変わらず愛情をかけているつもりでも、子どもに伝わってないことがあるのよね。
　佐野洋子さんが描かれた絵本『100万回生きたねこ』（講談社）を知っていますか？　そこに出てくるねこは、いろんな主人に飼われたのですが満足せず、満足するまで生き返ったというお話です。でも、どの主人も、それなりにそのねこをかわいがっていたつもりでした。

## 上の子、下の子

次女(3歳3か月)が長女(年長)に、容赦なくかかっていきます。ほっておくとケガをしそうで止めるのですが、上の子に、どこまで我慢させればいいのか迷います。(Aさん)

マンションに住んでいるので、お年寄りも多く、きょうだいゲンカが始まると、周りを気にして止めてしまいます。すぐに止めずに様子を見たほうがいいのかなとは思うのですが。次女(3歳3か月)が長女(年長)に、かみついたり、ひっかいたり。ほっておくとケガをしそうで止めるのですが、どのタイミングで止めに入ったらいいのでしょう?(Aさん)

私の両親は、四人きょうだいの末っこ。父と母は、きょうだいの中での上下関係がきっちりしていて、上は絶対という感じです。私は一人っ子なのでよくわからないのですが、民主的なきょうだいとそうでないとこがあるように思います。どうして違いが出てくるのでしょう?(Bさん)

上からされたら下は我慢するのが民主的じゃないてこと? 時代もあるんじゃない?(Cさん)

私は三人きょうだいのいちばん上ですが、私に主導権があるという感じではなかったです。夫は三人きょうだいの末っこですが、お兄ちゃんにやられたというのはなかったみたい(Dさん)

今のきょうだいは、お姉ちゃん、お兄ちゃんと呼ばないで名前で呼んでいることが多いのではないですか。"お姉ちゃん"と呼ばれて嫌だったていう人いますか?

下に弟が2人。子どもの頃は、弟たちは"お姉ちゃん"と私を呼んでいましたが、社会人になっ

たら名前で呼ぶようになって。姉としてのプレッシャーは少しありましたが、今はなくなりました。（Eさん）

**A**さんの下の子がお姉ちゃんにかみついたりって、どういうケンカなの？（Cさん）

**手**洗いの順番争いとかなんですが、下の子がそういうことにムキになるんです。自分の思い通りにならないと手が出たり、30分くらいずっと泣いたり……、友だちにはしないのに、姉に対しては容赦がないのです。（Aさん）

**お**姉ちゃん、優しいから。私は下だったので、その経験からいうとAさんちの妹ちゃんは泣いたり、手を出せば、いける（思い通りになる）と思っているんだと思うよ。お母さんは最終的には私の味方だ、とも思っているんじゃないかな。（Gさん）

**下**は親の出方をよく見てるよ。ずる賢くなるね。（Fさん）

**だ**から上は下に厳しくなりがち。「泣き虫」「わがまま」と親よりも、上のきょうだいによく言われたという下の人たちもたくさんいるでしょう（笑）（保育者Aさん）

**私**は野菜が苦手だったのですが、兄は食べました。母が「お兄ちゃんは野菜が食べられて偉いね」と声掛けしてました。兄も母に言われると、ますます食べて（笑）。（Gさん）

下の子（2歳10か月）は負けず嫌い、上（年中）は優しいですね。上は我慢しているけど、下は、きかないなぁーと思います。ときどき「お姉ちゃんってすごいんだよね〜、こういうことができるんだよ」と、上の子の優越感をくすぐるような声掛けをしてます。下が割り込んできて、お姉ちゃんが譲ってあげたときは「譲ってあげて偉いね」とか。そうすると下も悪いことをしたんだなぁーと感じて、弁解したりしてきます。いいことをしたら個々にもほめますが、ときどき下の子には、上の子のいいところを吹き込むようにはしてますね。（Gさん）

ケンカの介入はしないの？（Aさん）

2つ下の弟は、口は私の方が達者なのでケンカすると100％弟が負けてました。でも弟が高学年になったときケンカをして、弟が私に手を出したら、あやうく私がケガをしそうになったんです。弟自身もびっくりして、私への怒りを家の壁にぶつけたら穴があいて。それ以来、取っ組み合いのケンカをしなくなりました。男と女の力の差はあるんだとお互い知ることになりました。（Fさん）

口の達者な私は、弟に「ばか、あほ……」と立て続けにいろんな悪口をあびせていたんですが、弟は語彙力がなく返せない。見かねた母に「言い合うときは1個ずつ順番にしなさい」と言われ、言い合っていると、それがいつしか言葉遊びになってしまって、ケンカが治まってました。（Gさん）

**そう**いう風に、言い合いが遊びになるといいよね。昔は言葉のやりとり遊びがたくさんありました。たとえば、「ばか」と言ったら、もう一方が「ばかって言うやつばかばかだ」と返し、また「ばかばか言うやつ、ばかばかばかだ」と返して一連の流れがあって、悪口の言い合いが遊びになってました。

「子どもと子どもがケンカして、薬屋さんが止めたけど、なかなか止めぬ、人たちゃ笑う、親たちゃ怒る」という遊びがありますが、私が遊んだのは「薬屋さんの前で、子どもと子どもがケンカして、なかなか止めぬ、人たちゃ笑う、親たちやしんぺ（心配）する」でした。昔は子どものケンカを怒ったり、止めたりせず、心配するだけでした。

**今**はすぐ親が介入してしまうよね。長女が通っている幼稚園では、年中になると女の子同士のトラブルが多くなるみたいで、子どもの口からも「今日、○○ちゃんに『遊ばない』って言われた」なんて話を聞くようになります。先生方は「成長の過程でよくあることです」とあまり介入しすぎないようにしていると話してくれました。（Gさん）

**子**どもって、すぐ絶交して5分後には遊んでるから（笑）

**友**だちとのケンカは親として気になるから、どういう過程でそうなったか、知りたいところだけど、きょうだいゲンカはほっといていいのでは？　あとに残らないと思うし。（Gさん）

**う**ちはマンションなのですが、下の階の方が子どもの出す音がうるさいと言って朝早くに訴えに来られたことがあって、とても気を使ってます。(Fさん)

**私**はあいさつは欠かさないようにし、夫の実家から何か食べ物をもらったときは「お口汚しですがどうぞ」と言って、おすそ分けしてます。わざわざ買ったりはしませんが。(Cさん)

**顔**見知りになると許せるようになるよね。ちょっとくらい子どもがうるさくても「ああ、あの子が騒いでいるのか〜」と思えるもの。(Gさん)

**今の**年寄りは、自分が子育てした頃のこと忘れてしまっているのですね。年をとって静かに暮らせるようになると、近所の子どもの声に対して寛容じゃなくなるという方が増えました。中野区の保育園では、近所に迷惑をかけないように地下に遊戯室を作ったところがあります。

「見守る」というのは見ているけど手は出さないということですが、たいていは見て、手を出してしまいがちですけどね。

「これと、これは叱るよ」と子どもに伝えておくことは大事です。子どもって、伝えてわからせておかないとわからない。伝えておけば、こうするとお母さんに叱られるなとわかるし、叱られても納得できます。

## 子どものケンカ　親の対処法は？

子どもがほかのお子さんを泣かしてしまったときのフォローはどうしたらいいの？　また、わが子の接し方は、やられて泣いてしまったときは？（わが子がジャイアンみたいになるのもノビタみたいになるのもいやだな～）。（Ａさん）

うちの娘（２歳９か月）が２歳前後のころ、本人はいじめるつもりはないのに自分より小さい子が気になって、隣にいるとつい髪の毛を引っぱったり、つねってしまう時期があって。小さい子の興味を自分に向けたい、関わりたいとちょっかいを出すんです。それが２歳半過ぎて言葉が出るようになったらなくなりましたが、こちらを向いてほしいと手を出す娘をみていると親の本音としては、すぐにダメと止めないで見ていたいと思いつつ、向こうから小さい子がくると、その頃は遠回りしていました。（Ａさん）

１歳半から２歳半ごろまでは、子どもはやりたいことがいっぱいあります。「これはこうするとどうなるのか、やってみたらこうなった、これはどうなるのかな？」こういう行動を保育用語では探索活動といいます。この時期は言葉が出ないから、まず行動します。この活動を止められると、その子はやり方がわからないまま育ってしまうことになります。赤ちゃんの髪を引っぱると「ぎゃあ」と泣くんだな、大人にも叱られるんだなぁ、ということをこの時期は行動して覚えるのです。

息子が５歳のとき公園に遊びに行き、息子が２、３歳の男の子に砂をかけてしまって、すぐ息子を叱ってあやまりましたが、そのお母さんはツンとして帰ってしまったんです。後日、砂をかけてしまった子が仕返しとばかりに息子を後ろからドンと押してきたんです。そのとき、その子のお母さんがしてやったりという

顔で、その様子をみてたんです。思いだすと今でも怒りが湧いてきます。親同士のいい関わりがないと難しいですよね。(Bさん)

**近**所の小学生が息子（2歳2か月）をけっとばすのを見てしまって、すぐにその小学生を叱り、その子のお母さんに「こういうことをしたから叱っておいたよー」と伝えました。よく知っているお母さんだから、言えるし、その子も叱ることができたんです。(Cさん)

**小**学生なら、その時期は終わってるでしょ。小さい子をけとばすなんて、その探索活動はやりすぎ！(Dさん)

**や**った本人にあやまらせない親をみると、ほんと頭にきますよね〜。(Bさん)

**親**に代弁してほしくないよね。(Eさん)

**叱**るのって難しいですよね。皆んなの前で叱っては、その子の気分を害してしまうし、かえって言うことをきかなくなってしまうということもありますよね。といって後で2人になって叱ろうと思っても、小さい子だと自分のしたことを忘れてしまうだろうから意味がないし。タイミングとか場所で悩んでしまいます。自分の子の気持ちも汲み取ってあげたいし……。(Aさん)

おこるのは簡単、相手のこと考えないもんねー。(Dさん)

やったり、やられたりの経験は大事です。その経験のなかで自分のことだけではなく、相手のことも考えられるようになるのです。やられたらどんな気分になるかがわかるようになるのです。何歳から教えればいいのですかと聞く人がいますが、私は赤ちゃんのときからの探索活動を通して、周りの反応を感じて身につけていくことが大事だと思っています。

赤ちゃんのころ、引き出しを開けるたびに"めっ"と言っていたらしなくなったというお話を聞きましたが、「引き出しを開けるとお母さんがいつもこわい顔をして"めっ"という。これはしていけないことなんだな」と経験して自分でわかるようになったのです。やったりやられたりの探索行動を止めないで育ちに結びつけるには、かかわる大人同士のかかわり合いが大事になってくるのです。

こういうときは、おせっかいおばさんが必要なのよね、よそのお子さんにも言えるおばさんがね(笑)。それには、まず親同士が仲良くなりましょう。それとAさんが子どもをジャイアンにもノビタにもしたくないと言っていましたが、子どもはどちらのキャラクターも持っているのです。ほかにも出てくるキャラクター、えーと私は詳しくわからないんですが……、スネオくんやらシズカちゃん、どの子にもそういう部分がありますよね。

## やったり やられたり 大人の対応

貸し借りができないとか、叩いたり噛みついたりとか、親が望ましくないと思うことを子どもがするとき、親はそのことばかりに目がいきがちです。親として、どう対応すればいいのでしょう。（Aさん）

**こう**いう話し合いのとき、やる方は申し訳ないと思ってしまうし、やられている方はいわゆる被害者で言いにくいものです。でも「風の子」では「うちはやってあげています。いじめられ方を教えてます」、「うちはやられてあげてます。いじめられ方を学んでいます」て気持ちで遠慮なく言って下さい。

**う**ちの娘（3歳5か月）は2歳前後から、うまく言葉に出せないこともあり、自分の意見が通らないとお友だちを噛むようになりました。よく遊ぶNちゃん（4歳3か月）は上手にやり取りしてくれますが、おもちゃのとりあいになったとき、二人ともすごく泣いていましたが、Nちゃんのお母さんとお互いの気持ちを聞いているうち、二人ともケロっとして仲良く遊んでいました。（Aさん）

**ケ**ンカしたときって、そのとき謝れなくても、悪いことしたなぁーと思って、仲良く遊びだすことよくありますよね。（Bさん）

**子**どもも余裕がないと、謝らない、満足して余裕があると、謝ったり、おもちゃを貸せたりしますよね。（Cさん）

**友**だちの子を預かるとつい自分の子より優先してしまいますよね。おもちゃの取り合いになったときは、「あなたはいつでも遊べるのだから貸してあげなさい」とか…。（Cさん）

**幼稚**園でみていると、たっぷり寝て、朝ごはんを食べて、満たされている子は、あま

りイライラせずに遊べます。身体的に満足していると違うといえるかな。

**先**日、赤ちゃんのときから「風の子」グループでいっしょのRちゃん（4歳）が、うちに親子（娘）で遊びにきたんです。普段、とても仲がいい友だち同士です。そうしたら、うちの娘（3歳10か月）がRちゃんのおもちゃのケータイをとって遊んで、Rちゃんが「それ、わたしのっ！」と言って取り返そうとしたんです。それで取り合いになってしまい、うちの娘のつめがRちゃんに当たってしまったようで、Rちゃんが「ひっかいた！　ひっかいた」と。娘がすぐに「ごめんね」と謝りました。そうしたらRちゃんが「あと2回いって」と。このやりとりを見ていた私は、一回ちゃんと謝ったからいいじゃないのかな〜と思って。案の定、娘の顔を見たら、とても悔しそうな顔をして……、娘はぐっとこらえて「ごめんね、ごめんね」と言いました。言い終った後、私のところに来て泣きました。その晩、主人に相談してみました。主人もそういうときは自分の子どもに我慢させてしまうなぁという意見。我慢できるということは優しさにつながるかなとも思い、翌日、我慢できたことをほめてあげようと思いました。（Dさん）

**子ど**もが悔しい思いをしたり、理不尽な体験をすることは大事です。それを我慢したり、乗り越えたりする体験はもっと大事です。ところが親って、子どもがつらい思いをしたり、苦しい体験をしたりするのを見守れないのよね。ついかわいそう、かわいそうと囲ってしまいがちです。これが私がよくいう"やまんば"的なところなのですが…（笑）。例えば、子どもが

宿題を忘れて先生に叱られるという体験をすれば、自ら忘れないようになるのに、うるさく「宿題はやったの?」と何度も言ってしまったりね。

うちの息子たちはケンカして不利な状況になっても泣きついてこないんです。その代わり、悔しい思いを物に当たったりします。例えば弟(3歳1か月)は兄(年中)が作った工作を足でつぶしたり。公園で遊んでいてほかの子とケンカになって泣いても、私の所にも泣きついてこないし、事情がわからないことが多いのです。「どうしたの?」と聞くと、「誰それがわざとこうしてきた」と自分の都合のいいように言い訳してくることがあって……。(Cさん)

子どもって大人に聞かれるとウソを言って自分を正当化するときがあるよね。(Dさん)

自分が一部始終をみていたら、子どもの話を聞きながら「うん、そうだね。でも、お母さんには、こう見えたよ」と子どもの気持ちを受け入れつつ事実を話します。そして相手はこう思ったんじゃないかなぁと両方から考えられるようにします。だけど、現場を見てないとできないよね。受け入れるのと肯定は違うよね。

先日、私が公園で子どもたちと遊んでいるとき、サークルのY君(4歳8か月)とCさんの息子さんのK君(3歳1か月)がケンカを始めたのです。原因はY君が持ってきたお砂場道具をK君がだまってとって遊びはじめたことでした。Y君が「それ、僕のだよ」と言うと、

K君がいきなりY君をキックしたんです。それに怒ったY君がK君に砂をかけて、K君もY君に砂をかけ返して、またやり返してと、すごいケンカになってしまったんです。止めに入って、K君を抱っこして砂をきれいに払い落とし、K君が落ち着いたかなと思ったところで、「K君。Y君のお砂場道具を借りるとき『貸して』っていったかな？」と聞くと、K君「言ってない」。「今度は言えるかな？」と聞くと、「やだ。Y君はうちに来ちゃだめ！」と。K君が指に包帯をしていたので「あら、ケガしちゃったの？　お砂が包帯に入っちゃったね」と丁寧に砂を払ってあげたら、気持ちが落ち着いたのか、そのあとY君と仲良く遊びはじめました。ケンカして高ぶった気持ちを落ち着かせてあげるといいのかな。ケンカするほど仲がいいとも言えるでしょう。（Fさん）

子ども同士はおさまってて、「風の子」グループでは親同士がわかっているからいいけど、公園では、あまり面識がない親だとそうもいかないから難しいんですよね。（Cさん）

いっしょにお風呂に入ったり、絵本を読んだり、遊んだり、歌ったり、何かを作ったり、抱っこしたり、言葉で褒めたりすることを増やして「このくせを直す」とか「これを気づかせる」「これができるようになる」ためにではなく、「いっしょにいてうれしいね」という気持ちを伝えるつもりで向き合うと、いつのまにか懸案のトラブルも解決していることがよくあります。（Fさん）

子どものケンカでいつも思うのですが、泣く子の方が注目を

あびますよね。大人もつい泣いている方をフォローしなくてはと「どうしたの?」と聞いてしまいます。泣く子はアピール上手です。(Aさん)

うちの上の子は泣かない方で、いつだったか「すぐ泣くやつはずるい」と言ってきて……。泣いてない子の言い分も聞いてあげなくてはと思いました。(Gさん)

泣く子は得よね。いじめている子の方が寂しい思いをしているのよね。いじめている側の方の気持ちをフォローしてあげないとね。それと全く知らない相手だと、すぐ謝らないといけないと思ってしまうけど、風の子では親同士がわかっているグループだから優先して自分の子のフォローできるよね。(Hさん)

子ども時代はやったりやられたりケンカして心の痛みも体の痛みもたくさん経験して、そこで人との関わり方を学んでいくのです。大人もどうかかわっていくか、その子にとってどうかかわるのがいいのか考えてかかわりましょう。

世の中の8割の幼稚園や保育園では、ケンカしそうになる前にやめなさいと止めてしまいます。危ないことをさせないためなんですが。やらない前から介入しては未消化のままです。やっぱり気持ちを消化できる程度のケンカはさせたほうがいいと思います。どこで大人が介入するか、止めるか、どう気持ちをフォローするか、大事です。

まずはわが子をよくみる。そして自分の経験を第一にして判断しましょう。本の知識はその次ですね。まずは実践ということで預け合いなどでたくさん経験して下さい。

## いじめたり、いじめられたり

　子どもが学校で学んだことは、勉強だけではありません。人付き合いのコツも学んできました。学校はいじめられに行く所です。また逆に、いじめに行く所でもあります。「皆な仲良く、良い子ども」なんていうのは、建て前であって、子どもは学校で、いじわるをしたりされたり、ばかにしたりされたり、おだてたりおだてられたり、ごきげんとったりとられたり、だましたりだまされたり、およそ大人がするようなことはほとんどやります。大人とちがう点は、やり方が割にストレートでわかりやすいということぐらいじゃないでしょうか。子どものやり方は、単純明快、単刀直入、わかりやすいのです。それだけにやられた方の子は、ガックリきたり、ショックも大きいでしょう。でも、そういう、やったりやられたりの中で、「自分が全体の中でどの辺に位置しているのか」「全体の中で自分はどういう立場で認められているのか」「この部分では誰に劣り、この部分では誰に勝るのか」というようなことを見抜く力を養います。そして、先生や上級生も含めて、付き合っていくときの、身の処し方を学んでいくのです。

　「この先生に叱られたら、ひたすら黙って頭を下げておくに限る」「この先生なら、一応叱られたあと言い訳をしてもきいてくれる」「この遊びには、誰を仲間に入れたら楽しいか」「これを頼むなら、あの子に頼めばうまくやってくれる」「仲間が二派に別れたとき、どっちにつくべきか」などということを、体験しながら学んでいくのです。

　「あんな弱虫とばかにしていた子に、腕力で負けたり」「自分の方が絶対正しいと思うのに、多勢に無勢でかなわなかったり」「言いたいことは山ほどあるのに、相手のよくまわる舌にお手上げだったり」そん

な悔しい思い、悲しい思いをしながら、耐えることを学び、隙をねらうことを学び、多勢を味方にする方法を学び、少数で立ち向かう知恵を学びます。優越感にひたったり、劣等感に打ちのめされたりしながら、相手をやりこめた後の淋しさや、ゆずるさわやかさ、我（が）を張り通したときのやりきれなさ、わかり合ったときのうれしさ、差し出された手のあたたかさ、などを知るのです。

　「人付き合いのコツ」を学ぶのに親の出る幕はあまりありません。何しろこの人付き合いのコツというのは、母親の羽の下では絶対学べないものなのです。やったりやられたりのきびしい場に立たされないと、そのコツはつかめないのです。清く正しく美しくでは、なかなか学ぶことができないものなのです。

　汚く、ずるく、要領よく、立ちまわる技術も身につけないと理解できないコツなのです。あの相手にはこの手で、そっちの相手にはあの手でと、一人ひとりちがった対処のしかたで相手になりながら呑み込んでいくコツなのです。親の羽の下から見ていたのでは絶対に学べないことを、学校は学ばせてくれるのです。

　そこで訓練されて人付き合いのコツを覚えて、相手のことも知り、自分のことも知り、いろいろな過程を経てのち「皆んな仲良く」に到達するならともかく、はじめっから「皆んな仲良く」なんて、うそっぱちだということも、子どもは学校で学ぶでしょうね。そうそう、この人付き合いを学んでいるとき、親のしてやれることといえば、その子がやったりやられたりではなく、やられたりやられたりの状態のとき、しばらく羽の下で休ませて、英気を養ってやることくらいでしょうか。

## 子どもの生活習慣

子どもを早く寝かせようとすると、つい早く早くと言ってしまって……。夕食後は、ゆったり団欒(だんらん)して過ごしたいんだけど、いつもせかせてしまう……、子どもにとって、どっちがいいんだろう。(Aさん)

50年位前まで当たり前だった子どもの「早寝早起き」や「朝ごはん」の生活習慣が習慣でなくなり、お母さん、お父さんの努力なしではできないという時代になってしまいました。自由気ままだった独身時代をそのままエンジョイしたい親にとって、子どもに合わせた生活は苦痛ですらあります。早寝早起きやごはんを食べることが、子どもにとって大事なことであることを知らずに、自分の不健康な大人の生活を何の疑問も持たずに子どもにさせているのかも?(保育者Aさん)

一人目が2、3歳の頃、夫は夜遅いし、子どもと2人で夜ビデオを見るのが楽しみで「この子、私に似て夜型なんだー」と喜んでいたんです。ある夜9時ごろサークルの友人に電話をするととても静か。そうか、夜9:00以降は大人時間にしよう! と思い直し「自分のメリットのためだ。早寝早起きしよう」と決心しました。やっぱり自分のメリットがないと動けないから。(Bさん)

私も、ひとりめのときは、せっかく寝ているからと朝ずっと寝かしたままにしていたり、お昼寝も起きるまでそのままにしていました。(Cさん)

最近は、幼稚園のアンケートで悪びれもせず就寝11:00なんて書く人が多くてびっくりしていたんだけど、そうかぁ! 悪いことと思っていなかったのねぇ。昔は悪いことと思って、ごまかして書いていたものだったけど……。

**夫**は自分が子どもの頃、「子どもは8時に寝るもの」と育ってきたので8時に寝るのが常識だと思っているのですが、私の子どもの頃は兄弟でテレビ見て9時すぎごろだったから、夫婦の中でも常識が違うのだと思いました。(Dさん)

**睡眠**の足りていない子は昼起きていても頭が寝ている状態。だから、皆んなとよく遊べない。遊べないから疲れない。疲れないから、なかなかねつけないと悪循環になってしまいます。いい循環を作ってしまえば、親もとても楽になると思うのですが。

**寒**くて外遊びが減ったら寝つきが悪くなりました。子どもだけで外遊びをとも思うのですが危なくて出せません。といってずっと付き合いきれないし……。(Eさん)

**誰**か近くに仲間がいれば当番制にしてみてあげられていいなぁーと思うんだけど。(保育者Aさん)

**近所**のおばあちゃんたちで家の前にござを敷いて当番制で孫を見ている所があるわよ。いいサロンになってますよ。

今は「遅寝遅起き」でも幼稚園に入ったら何とかなるという人がいますが、幼稚園に行くというサイクルが身につくまで半年はかかります。その間、慣れるまでに子どもはとても大変な思いをします。子どもが起きていたいというのでで寝かさず好きなようにさせるのは、かわいがっているつもりでも、実はいじめていることになりかねません。

**夫**が絶対朝ゴハンを食べないと動けない人なので、朝は家族で食べるのが当たり前になっています。バラバラ食が出てきたのは離乳食品としてビン詰や缶詰を利用するようになってきてからではないかなー？（Eさん）

　「**う**ちの子食べないのよ」というお母さんがいるけど、よく見ているとごはんの前にちょっとだけと言っては、おかしや牛乳やジュースを結構あげてたりして、これではごはんは食べられないなぁと。離乳食の缶詰もそうだけど、これを売ることでお金もうけをしている人は、いかに栄養があり、バランスがとれているかを声を大にして宣伝します。鵜呑みにしないでね。
　おしゃぶりの例ですが、おしゃぶりが脳の発達にいいとか鼻呼吸するようになると宣伝されています。これもどこかの博士がそういうデータを発表したかもしれませんが、それを大きく取り上げて大大的に情報を流しているのはおしゃぶり会社だったりするのです。いかにもこれは子どもにいいという情報が流れたとき、この情報源がどこから来たものか、商業主義で過剰に加工された情報ではないのかと見極めることが大事になってきます。

## 公園でのおもちゃの貸し借り

うちの子はまだ十分に言葉がでないので、ほかの子のおもちゃを借りたそうにしているとき、私が「これ借りてもいい?」て声をかけているんですけど、親が子どもの代わりにしてもいいの?(Aさん)

あ る子が自分の手押し車に乗ってやってきたのですが、うちの子が乗りたがったんです。その子のお母さんが「公園にきたら、皆んなのものなんだよ」と言って、自分の子を無理やり下ろして、貸してくれて……。その子はしばらく泣いていたんです。同じように、ほかの子が自転車に乗りたがって、お母さんが貸すように言ったら嫌がってたんですが、そのお母さんが空いてる自転車を見つけてきて、「こっちに乗って、それは貸しなさい」て。そこまでして貸すのはどうかな……と思ったんです。(Aさん)

幼 稚園に見学に行ったとき、ほかの子がおもちゃで遊んでいて、うちの子がそのおもちゃを使いたがったのです。そうしたら先生が「一人遊びができないと、いっしょに遊ぶことができないのよ」と言って、同じおもちゃを持ってきてくれたのです。物を借りたり、貸したりのやりとりも大事だと思うのですが、子どもが小さいと、どうすればいいのかな？（Bさん）

子ど もの発達の面から言いますと、2歳くらいになると「僕が」「私が」という自我が発達してきます。その時期は、まだほかの人のことまで気がまわりません。3歳を過ぎる頃から自分の周りのことが少しずつわかってきます。ですから、2歳児の頃に貸し借りが自分からできなくても、それは決して意地悪でもワガママでもなく、発達のひとつの表れであることを踏まえておいて下さい。

**自**分の子の前で「貸してね」とか言ってる？（Cさん）

**言**ってるのですが興味がないという感じで……（Aさん）

**言葉**はね、親やいろんな人のやりとりの言葉を聞いていて、ためてためて出てくるのよ。出てくる時期については早い子、遅い子といろんなお子さんがいます。今、言葉に興味なさそうに見えても聞いてないわけじゃないのよ。

**う**ちも初めは一方的に私が話しかけるだけで、わかってるのかなーという感じでした。でも、そのうち同じ言葉をマネするようになってきて、興味なさそうにしていても話しかけていれば、そのうちマネをしてくるのじゃないかな。（Cさん）

**貸**し借りだけど、私も1人目のときは親として"ええかっこう"したくて、つい子どもに「あなたはいつでも遊べるでしょ」とかいって、自分の子どものおもちゃを貸していました。（Dさん）

**公**園の人たちは見知らない人ばかりだし、どうしても一人目のときは、ずうずうしくなれなくて世間体のために自分の子をがまんさせちゃうよね。つき合いが悪いと思われたくないし。（Aさん）

**私**も上の子のとき、いつも我慢させてたんですね。そうしたら幼稚園に入ったら、はじけちゃっ

1人目の子のときは、ほかの親とも仲良くしたかったので我慢させてました。3人目になると、余裕ができて、公園に今きたばかりで子どもが遊び始めたところだったら「貸して」ときても「今、きたばかりだから、ちょっと待ってねー」と言えるようになりました。（Eさん）

どうしても、1人目のときは、子どもより自分（世間体）を大事にしてしまうよねー。いろんな人から体験として初めて（1人目だったり、初めての場所）の頃は我慢させていたが、下の子になると子どもの様子を見て、受け答えができるようになった……と聞きます。（Dさん）

て「これは私が使うの！」と女王様になってしまって（苦笑）、でも、周りのお友だちに「それはダメ」と言われるうちに子どもたちの中でだんだんルールができていくみたいで。（Eさん）

ある程度やったり、やられたりしながらも、やらせてあげるのは大事かなと思いました。ただ周りの親や先生も話し合える仲だから、できたのかもしれませんが。（Dさん）

知らない人の多い公園では、世間体から我慢させ、そうじゃないときはやらせてみて……と、そうすると子どもは混乱してしまうのではないかしら。

子どもが、まだおしゃべりが上手でないからと言って、その子を蚊帳の外にして、代弁してはいけないと思います。子どもって、わかってなさそうに見えても、「お友だちが"貸して"ってきたよ、貸してあげようか」とか「これ借りたいのね。じゃあ、"貸して"って聞いて借りようか」と、その子を経由してあげることが大事だと思います。

うちの上の子は発達障害があってなかなか言葉が出なかったのです。自分の欲しい物があると、それこそ「あっあっ」と言って、むんずととってっちゃうんですね。でも、言語療育士の先生が"貸して"と"どうぞ"という、もののやりとりは人間関係を築く大事なやりとりだから身につけさせた方がいいと、そのやり方を教えて下さったんです。

何か欲しいときは、手のひらを出して「ちょーだい」と言うんだよ、と。むんずととるのではなくて、手のひらを出すと、自分の欲しいもの、期待しているものが、もらえる。それに「ちょーだい」という言葉をセットにして身につけさせるの。それでこの動作と言葉をその教室だけでなく、うちでも繰り返し、繰り返しやっていくんです。むんずととろうとしたときは絶対にあげない、手のひらを出して「ちょーだい」といったら、「どうぞ」といってあげる。初めはなかなかできなくて。でも、だんだんわかってきて。今は「貸して」と「ちょーだい」が言えるようになりました。普段のうちの中でのやりとりって大切だなぁと思いました。（Gさん）

障害のために言葉があまり出ない子は自分の意志が伝えられないがためにイライラとすることがありますね。言葉でなく

ても手話やボディランゲージなどで、意志の出し方を教えるということはとても大切なんですよね。

　下の子なのですが、ちょっと前まで、ごはんのときに「ちょーだい」と言わないとごはんを出してあげなかったんですよね。いつも言ってたのが、お姉ちゃんにおもちゃを「ちょーだい」と言っても、もらえなかったらしくて、何回か続いたらごはんのときにも言わなくなってしまって。(Fさん)

　アメリカのいろいろな所でホームステイをしたのですが、どの家庭も「please(プリーズ)」と「Thank you(サンキュー)」は、子どもがかなり大きくなるまで躾ていました。子どもが何も言わないでいると、「何か忘れていない?」と問いかけるのです。

　「どうぞ」と「ありがとう」は人間関係において大事な言葉と考えているから厳しく躾けるのでしょう。

　そうそう、親は子どもが小さいとついついかわいくて、許してしまっているうちに、いつの間にか奴隷のように仕えてしまって……ね。かわいさに負けないようにしつけないとね(笑)。

　話は戻りますが、Aさんの話で幼稚園の先生が、同じおもちゃを出してきた話があったけど、子どもって遊びこまないと友だちに貸せないものだから、とことん遊びこむという時期を経験する大切さを言ってるのだと思うの。だから今この子はどういう状態なのだろうかと見極めてあげないとね。

## ご近所の苦手なお母さんとの付き合い方

ご近所によくお茶に誘って下さる方がいるんですが、うわさ話が多くて苦手です。何回か断っても、また誘ってきます。（Aさん）

**私**の場合は近所に苦手な子がいて、よく夕方に遊びにくるんです。うちは3歳なんですが、その子は小学校2年生くらい。遊びたくてくるんですが、息子に対する言葉遣いがとても乱暴で、ときどき突き飛ばしたりするんです。その度、注意するのですが、全く聞き入れる感じがありません。私に対しては乱暴な口を聞いたりせず当たりがいいのですが……。その子の親御さんに、うまくこのことを伝えたいと思っていると、ある日、その子のお母さんを見かけたんです。とても私なんかが太刀打ちできないこわーい感じの方で……今も言えてません。（Bさん）

**子ど**もと言いつつ、結局、親の問題よね。

**自**分の子が一方的に乱暴されたら、親でなく、その子にぎゅっと……忘れられないくらい（笑）言ってきました。上の娘が小学1年生の頃、遊びに来ていた子が、まだ小さいうちの息子を邪魔にして「おばちゃん、この子が嫌い。どこか連れてって」と言ってきたの。「ここはこの子のうちだから、この子が嫌だったら、こなくていいよ」て言いました。（Cさん）

**私**も近所にとても乱暴な子がいて、仲間はずれにはしたくないので、手と目はかけてあげている。けど家の中で遊ぶと物が壊れたりしそうで、その子が遊びにきたときは公園に行こうといって外で遊ぶようにしてます。どこかで線引きしないといけないなと思って。（Dさん）

子どもも自身に何かすることはできるけど、その親に対しては難しいわよね。親同士で、うまく交流できてよかったということはありませんか？　子どもに「あの子と遊んじゃいけないよ」と言いたくないですものねー。

お友だちを選んじゃいけないけど選びたい、本音はね（笑）。今、小3の息子の友だちに電子ゲームでしか遊べない子がいて、その子が遊びに来たとき、ずっとゲームをしているので「いいかげんに外で遊んだら」と言ったら、「やだ」の一点ばり。うちの息子は外で遊ぶ気になっているのに、その子は全くその気がなくて。うちの息子に「その子と遊ぶときには外で遊べる子もいっしょに誘いなよ」と言ってます。多数決で外に遊びに行けるかなと思って。（Cさん）

問題は、大人よね。Aさんはその方に誘われて、ずーっとうわさ話をするのが苦手なのよね。

そういう方いますよね。そんなに親しくないのに、夫の年収を聞いてきたり……。（Dさん）

うわさ話が始まったら、話題を変えたら？　たとえば政治や世界情勢の話とかすれば、誘われなくなるかもよ（笑）。あと、仲のいいお母さんをいっしょに誘うとか。（Cさん）

**そう**いう風にお茶に誘ってくる方は、たいてい自分の話を聞いてもらいたいのよね。だから、ひたすら「ふ～ん、ふ～ん」と聞いてあげるのも手かも。

**私**の近所にも、そういう方がいるんですが、私の場合は子ども連れで行くことにしています。その場にいる子たちの方に行って、子どもと遊んでやり過ごしてます。その方はしゃべってしまえば満足している感じなのでそういう人なんだなぁと割り切ってます。(Eさん)

**私の**息子は、しょうもない子で(笑)。よそに行くと何をしでかすかわからないの。だから私のうちに遊びに来てねーと、うちを遊び場にしてもらっていました。ほかの家でされるよりいいなと思ってね。バカ息子の親としては、その方が気楽でしたね。(笑)

**私**は以前、エステサロンで働いていて、その頃、来ていただいたお客様と今でもお付き合いをしていて、個人で仕事をしています。息子(3歳10か月)がいるので、仕事をするときは息子もいっしょです。うちの子と同じくらいの子を持つ方が多いです。息子にも、ママのお客さんだから大事なんだよと伝えています。もちろんお客様の中には気の合わない方もいますが、その方が嫌だからと断っていては仕事にならないので、割り切ってお付き合いをしています。お客様の中のお子さんで、うちの息子を噛んだり、おもちゃで叩いたりしたことがあって、息子に「○○ちゃんの所に行きたくない」と言われたことがありました。その方もそのことを悩んでいたよう

で、私が、「言葉がなかなか出ない時期だからだと思うよ」というと、ちょっと安心してくれたみたいです。（Fさん）

**人と**じょうずに関わっていくには、相手の心を考える「想像力」が必要ですね。

**最**近、その子も大分落ち着いてきました。私が行くたびに、その子に「そういうことはしちゃだめよ。痛いからね」と叱っていたんですが、そのお母さんに「人の子でも、本気で怒ってくれるんだね」といわれました。子どものことがからむと（表面的ではなく）、胸の奥の方で付き合うことができるんだなぁー思いました。1対1でお付き合いするといい所も悪い所も見えてくるから。いつも3、4人でいっしょの付き合いだと周りの方の態度に影響されてしまいます。その点、1対1で会う方が人間性が見えるなぁと思いました。そのほうが自分も心が開くし、相手も開いてくれます。（Fさん）

**相手**の子どもの悪いところをじょうずに言ってあげるのは難しいですよね。

**1**対1のお付き合いが多いのに経験をつんでるよね。さすがお付き合いのプロ！（Cさん）

**う**ちの小3の息子なんですが、ある日、顔をけっこう強くひっかかれて。学校から連絡があったんです。相手の家にも学校から連絡があったみたいで、その子のお母さんが夕方、果物を持って謝りにきて下さったんです。そのお母さん、とても迫力のある方で、その場で「お前は何やってんだよ」と自分の息子さんを怒って突きとばしたんです。その子も「俺だけが、悪いんじゃねぇ」と言って、親子ゲンカになりそうだったので、私から「子ども同士のことですので、もうやめてください」とつい言いました。(Fさん)

**とり**あえず、その子に謝らせて、その子も責任をとらせることが大事だと思うけどね。

**あ**のままお母さんが怒ってしまうと逆効果。その子が悪者になってしまうような気がして。(Gさん)

**他人**に子どもを預けたとき、何かトラブルがあって自分の子がケガなどを負った場合でも、最終的な責任は親にあるのだということをしっかり覚えておいてね。

## 家族と子育ての意見が合わない！

うちの夫はテレビを見ながら楽しく食事したい人。私は食事のときはテレビは消したいので消す。夫は「オマエのせいでテレビが見られない」と怒ります。（Aさん）

**私**と夫は子育てに関しても全く意見の合わない夫婦でした。たとえば、「学校はなるべく行ったほうがいい」という私。夫は海日和は海へ、雪が積もればスキーへ学校を休ませて連れて行ってしまう人。（Bさん）

**う**ちの夫は音楽鑑賞が趣味で家にいるときは、ヘッドホーンをして本を読んでいるんです。そうすると子どもに話しかけても知らんぷりして。「ほら、話しかけてるよ。相手をしてあげて」とムカッとしながら思ってます。（Cさん）

**わが**家もそうでしたが、子どもはと言えば、そのうち自分の意志で学校へ行くか、遊びに行くかを決めるようになりました。

子どもは子どもなりに、お父さんはこういう考えの人、お母さんはこういう考えの人だと、よく見ているものです。違った意見を人それぞれ持っているというのを見せて、育てていっていいと思っているのですが……。とりあえず2人とも子どもをかわいがっているというのが伝わっていればですが。

**う**ちは食事のマナーが全く違っていて、私は自分の家がとくに、はしのマナーに厳しかったので……、夫がひじをついて食べたり、たぐりばしをしたりと、最初の頃はびっくりしたんですけど、もうそう育ってきてる大人だから仕方がないと諦めて。（Dさん）

**夫の**しつけは妻の責任ではないからいいの（笑）。でも、子どもは自分の責任だからね、必死になるわよね。では、おじいちゃん、おばあちゃんが孫を甘やかして困るというのはありませんか？

**た**まに帰省したり、または向こうからいらしたとき、子どもに食事前なのに甘いおかしやジュースをあげたりしてくれで……（笑）（Dさん）

**は**じめの頃は、えーっ！　と思ったけど、私も年月とともに丸くなって、たまにだからいいか！と思えるようになって……。子どもも、おじいちゃん、おばあちゃんがいるとおかしが食べられるということをとても楽しみにしていて、自分も小さい頃そうだったから気持ちもわかるなぁーと……。（Eさん）

**う**ちの父親なんだけど、孫を楽しませる技がないもんだから、自分の冷蔵庫に常にアイスクリームを入れておくの（笑）（Fさん）

**私**の母も、孫にお手玉とか、わらべ唄とかで遊んでもらいたいのに「もう忘れたなぁー」と言って、結局ショッピングに連れていって孫に好きな物を買ってあげるというパターンに。子どもは喜んでいるけど……（Gさん）

私の母は、結構根気よく遊んでくれる方で、次男（年中の頃）がトランプが大好きなのですが、私が下を産んで相手できないときにず～っとトランプ遊びにつき合ってくれて……、親なら、あんなに長くはつき合えない（笑）すごく助かりました。（Hさん）

うちの父が先日「雪降ったからおいで」と実家（金沢）に連れていってくれて、そり遊びをしてくれました。私が小さい頃は全くそういう事をする人ではなかったのでびっくりです。（Iさん）

私の世代のじじ、ばばを見ているとお金をかけて孫を喜ばせてばかり……。本当はお金をかけずに遊ばせられるし、遊んでほしいと思うのだけど、絵本を買ってあげても読んではあげないとかねぇ。

うちは、おじいちゃんが手紙をよくくれて、とても喜んでます。（Kさん）

**私**には娘が3人（小4、小1、3歳2か月）います。私と夫は子育てのいろんな場面で意見が合わず、ぶつかりあってきました。（Aさん）

**子ど**もにね、人間のいろいろな絡み合いややりとりを見せながら育てていくのが大事なのではないかと思っています。夫婦ゲンカのようないざこざも、子どもが不安にならない程度なら見せてもいいかなと思っています。

　私の失敗談ですが、ある日、夫婦ゲンカをして、つい「実家に帰らせてもらいますっ！」と（そんなつもりもないのに！）、上の子がそれを聞いてしばらくの間、学校から帰ってくる度"お母さんはいるだろうか"と不安に思いながら家をのぞいていたことがあったと聞いて、後日、子どもに謝りました。

**夫**とひどいケンカをしてしまったときに本当に出ていってしまったことがあって、そんなに長い時間ではなく、すぐに戻ってきたのですが、それから上の子がほかの家にお泊まりできなくなってしまって、私がいついなくなってしまうか、わからないという不安を抱かせてしまったんです。悪いことをしてしまったと思ってます。（Sさん）

**私**はいつも子育てで悩んだとき、藤田さんが書かれた『しったかぶり』（1995刊）を読んでいます。そこでヒントを得ていつも励まされています。本のなかに"意見の不一致"というページを読んで、藤田さんもそうだったんだ！　不一致でいいのだと、とても励まされました。ケンカを避けるためにどう工夫しているとか、夫の操縦法がありましたら教えてください。（Aさん）

**こう**やって、夫とうまくやっていますという例があったら教えて。あら？ 誰も手があがらないわね（笑）
　何年か前に「幸せな人?」と聞いたら、けっこう手があがって、びっくりしたことがあったのよね。今の生活に何も問題を感じていないのだなぁと思って……。

**う**ちは全く意見が合わないので話し合いにもならなくて、仕方がないから、私が妥協しているよね。（Fさん）

**夫**と合わないことは言いつくせないほどあります。夫は甘いものが大好きで子どもの前でよく食べているし……。なので小さなケンカはよくやります。でも翌日にケンカを持ち込むのはいやなので、どんなに向こうが悪くても、その日のうちに私から謝るようにしています。どうしても譲れない大切なお願いがあるときは、夫のお弁当に手紙を入れておきます。ケンカしても折り合いをつけるようにしています。（Gさん）

**お**手紙の反応は？（Aさん）

**メ**ールで「ごめんね」と送られてきたことがあって、メールというところが時代ですよね。（Gさん）

うちの夫は仕事人間で仕事から帰ってくるのが遅くて。朝くらいしか子どもたち（三兄弟・小2、年長、1歳7か月）に会えないのですが、それも朝は7時半に出てしまうし、その間は新聞読んだり、もっと子どもたちと接して欲しいのですが。休みの日も自分のやりたいことが優先で……。とにかく接点が欲しいですね。会話する時間もないので…。先ほどのお弁当にお手紙って、いい手ですね。（Hさん）

私はとても神経質なところがあって、こうあるべきだと思ったら、それをやりとげようと頑張るタイプでした。だから子ども（双子男子：2歳6か月）が生まれたときは、母乳で布オムツと、こだわって頑張っていたのですが、いまや全部そういうのが崩壊しましたね～。夫と子育てのことで話し合いが必要と思ったら、朝まで"討論会"をしています。たとえば、保育園にするか、幼稚園にするか、幼稚園なら何年保育にするかなどです。それと私は関西人で夫は関東人なんですね。だから言葉のニュアンスが違っていて、夫に何か言われると、とてもきつく感じる。関西弁はやんわりと遠まわしに嫌味を言う文化なので……。夫はそっちのほうがいやらしく聞こえるようですが、私にとっては関東のしゃべり方がとても気性が激しい感じに聞えます。文化の違いなんでしょうが……。（Iさん）

最近、息子（2歳5か月）がワンパクになってきて手を焼いています。うちの夫婦は私の方がずぼらで大雑把。暑いと時間関係なく私がアイスを持ってきて食べてるので、息子が食べたいと来るのであげちゃったり……。先

日も夫が息子に「朝ご飯食べたか？」と聞いているのに、息子が答える前に、つい私が答えたら「お前に聞いてるんじゃない」と叱られてしまいました。夫の言うことのほうが理にかなっているんだけど言われるとムカッときちゃって……。（Jさん）

うちは夫婦ともどもインドア派、行動パターンも似てます。息子（3歳）を産む前に出産方法、子育て方針をよく話し合いました。夫婦で食い違いがない方がいいと思ったからです。それでも、普段、子どもを見てない人はどうしても甘くなりがちで、夕食後、リラックスタイムのとき、その日にあったことなど話し合う時間を持つように心がけています。（Kさん）

うちは家庭内別居状態です。趣味、思考が全く違うので。それがいちばんいい状態でいられると思いました。夫は私より一回り年上で私のことを下に見ているところがあって、子どもの扱いはとても上手な人。私だったら子どもを怒らせてしまうところを上手に言いくるめてしまうんです。医師をしているから今まで何千人と子どもを診てきているから、経験値が私とは違うそうです。スタッフに聞いても夫は上手だと言ってました。

夫はテレビ見放題、おかし食べ放題の人で、私はああしたい、こうしたいと子育て方針がきっちりあってルーズなのが嫌なタイプ。

なのに、夫からは「お前の子育ては…」とよく言われて、正直へこみますね。でも、もし同じようなタ

イプだったら、子ども（息子：年中、娘：3歳5か月）きちきちで大変だったかもと今は思っています。夫のような俗世間が家の中に同居していると子どもたちも上手に折り合いをつけているので、ある意味、バランスがとれて育っているなと思ってます。（Lさん）

**夫**は仕事が忙しいせいもあって、私に育児はおまかせという感じです。育児をこうしようとか考えているように見えないですね、育児に参加してないです。（Mさん）

**ず**いぶん昔のことなので、夫のことはすっかり忘れてしまいました。（笑）ひとつとして同じ家庭はないのだと思います。まだ、皆さんは子どもが小さいから大きなぶつかり合いは、これからかも。（笑）（保育者Aさん）

**皆**さん、子育てであまりぶつかってないんですね。うちは夫とことごとく合わなかったんです。娘にアトピーがあったのですが、私は医者の話を聞いたり、本を読んだり、ほかのお母さんの話を聞いたりして、アトピーは体を洗わない方がいいと思ってそうするんですが、夫は洗った方がいいの一点張りなんです。体を洗うのは毎日だから、それこそ毎日言い争ってました。

　私が「この本に書いてあるよ」と言っても、自分の感覚だとこうだと絶対譲らないんです。だから私だけのときは洗わない、夫がいるときは洗うというようになりました。とにかく、ななめから物事を見る人で、専門家が言っても、この話には裏があるんだと言って受け入れるということはなかったですね。（Nさん）

　**そう**いう人と子育てするのは大変だったでしょう。でも偉い人が言ったからと鵜呑みにしてしまうよりも、その裏に何があるかという見方はあったほうがいいわね。私も全く夫と合わなかったですね。私は自然の中で本物の花を子どもに見せたいと思ってるのに、夫はデパートの造花を見せに行くし、私がこうしたいということの逆のことをしたがる人でしたね。まあ、この相手と結婚しようというところだけ一致した結果、結婚したわけですから、どこかが違うのは当たり前でそれはそれでいいと思ってます。

　ところで最近、お父さんの育児参加ということでオムツ交換したりとお母さんのやってきたことを、そのまますするお父さんが増えています。そのことを悪いとは言いませんが、父親は父親の立場で関わりを持てばいいのになぁと思ってます。

　教育心理学によく母性原理、父性原理という言葉が出てきます。(母性＝母親、父性＝父親に結び付けられてしまいがちなので、この言葉をあまり使いたくないのですが)。子どもを育てるにはこの2つの面が必要です。母性＝包み込む育て方、父性＝突き放す育て方です。父親が母性を持ってもいいし、母親が父性を持っていてもいいのです。ところが、最近は二人とも母性の両親が子育てしている家庭が多いように思えます。オムツを交換するよりも、もっとやることがあるのではと思うのです。

　家庭の中に、社会を見て、将来はこういう子に育てたいといった見通しをもって舵をとる人がいないといけないと思うのです。

　例えば子どものいる家庭をバスに例えると、お客(子)の世話をする車掌〈今はのってないないバスも多いですが……〉と、行く先をしっかり見つめて進む運転手がいてバスは

安全に走れます。どちらがどの役割をするか、どのくらいの割合で分担するか、またその役割がいやならば話し合ってみましょう。

**私**はケンカのような話し合いをよくしてますね。だいたい結婚したら夫は家事をやってくれる人ができて助かることが多い（独身一人暮らしの場合）ですが、妻は苗字も住むところも、仕事も大きく変わる人が多いでしょ。だから、いろいろ考えさせられました。妻は家事と子育てと地域のことをするもの、嫁として親の面倒をみるもの、夫は外に働きにいくものという図式が夫の中では当たり前のことだとしみついていて、それをすんなり受け止めることができない私は……。

でも、そうやって意見の違う人とのやりとりがあったからこそ、自分に人間的な幅の広さができたと思わない？　子どもが学校に行くようになるといろんな親がいるじゃない。そういうときの対応の術（すべ）が身についたんじゃない？（保育者Aさん）

**知り**合いのMさんはダウン症のお子さんがいらっしゃるのですが、ご自分の家にいちばん近い県立高校に行く権利があると市に働きかけ、4年かけて入学を認めさせました。でも夜間部ですが。周りの方に言わせると、とにかく役所との交渉が上手で、ニコニコと穏やかに話しながら、相手の出方をよく見て、どこで引き、どこで強く出て、どこで頭を下げさせるかが上手だったそうです。

そういうコツを夫婦ゲンカで学習したそうです。今の子どもたちを

見ていると、友だちとケンカしなくなりました。親友だからこそ、深くかかわるからこそ、ケンカもすると思うのですが、仲が壊れるのが怖いからと、これ以上は近づかないようにしている感じがします。深める努力をせず、表面的な付き合い方になり、何か事があると、くるっと背中を向けるそういう関係です。

子育てでああしよう、こうしようという事をやめたと言いましたが、そうなるまでにいろんな事がありました。初めての出産と育児、そして双子だったこともあって、私は3、4か月で身も心も疲れ果ててしまいました。しばらく休憩した方がいいという周りのアドバイスもあって、今度は夫が全面的に育児をすることになりました。いろいろ

と言いました。でも話し合っていくなかで相手の考えを少しは理解したり、折り合いをつけたりして（たぶん、夫も）きました。夫も私の立場を結婚当初に比べたら、わかってくれるようになりました。（Ｉさん）

夫を変えるには、まず自分が変わって成長してと言うけれど、私ばかりが大人に成長して、その手のひらで夫を遊ばせるばかりで、お前（夫）も変われよと言いたくなってしまう（保育者Bさん）。

そうね〜（笑）。手のひらでころがすことに喜びを見出さないと。

**神**の領域ですよ〜それは。（保育者Aさん）

うちの母親にいい言葉を教えてもらったんです。"さからわずいつもニコニコしたがわず"「冷蔵庫にはってます」でも最近、考えたら息子が、私に対してこうかも（笑）。（保育者Bさん）

ようなものがあったのですが、私の妹に「グリム童話の『かえるの王子さま』という話で、お姫様がかえる王子様を見て『みにくい！』（真実の言葉）と言ったら、王子様になったんだよ。だからお姉ちゃん、ドンとぶつかってみなよ」と言われて正面から夫にぶつかってみたんです。そうしたら王子になったんです。（笑）（Aさん）

したでに出たり、合わせたり、ときには、ぶつかってと何年かしてきたのですが夫の経験と私の経験、二人で経験を重ねてきたことが今のいい関係を作ったのだと思っています。でも時間はかかりますね。

今は夫は私の言うことを受け入れてくれるようになったし、私も言いたいことはためこまず言うようになりました。夫が変わったきっかけの

1つだけでいいから、夫のいいところを覚えていて、何かあったらそれを思い出すといいわよ。ひとつでいいんです。

私は、夫の母親が上京してきたときに近くの大きな公園を案内したことがあって、帰ってきたとき、夫から「ありがとう」と言われたんですね。後にも先にもお礼を言われたのはそのときだけで、それから夫に嫌な思いをさせられたときは、そのことを思い出して、そういう優しいところがある人なんだと気を取り直してきました。そんなんで40数年やってます。そんなもんです。

　ケンカできるということは、お互いの関係がフェアだからできるのよね。一方が病気だったりするとできないから、ケンカできる幸せを噛みしめて。（保育者Aさん）

**私は**、よく皆さんに紹介する詩があります。
「わたし　わたしがすき　なぜなら〇〇〇し、△△△し、だからわたし　わたしがすき」。

　この〇と△のところに、たとえばご飯を<u>上手に作れる</u>し、<u>美人</u>だしと、2ついいことを入れるのです。そしてこの"わたし"というところをご主人の名前を入れて考えてみてください。子どもにもやってみるといいですよ。

## お姑さんとのお付き合い

夫の実家が近くにあり、月に1、2回は孫の顔を見せに行ってます。先日、私がインフルエンザにかかり、2歳9か月の息子を預けたのですが……。預けるとかえって気を使ってしまって大変です。（Aさん）

私はもともと人にお願いごとをするのが苦手な性質で、子どもをずっと預けるということをしたことがありませんでした。私がインフルエンザにかかり、やむをえず義母に3日ほど預かってもらいました。それまでも遊びに行くと大量のジュースとお菓子が出てきていたので、預けていた3日間、気になって仕方ありませんでした。案の定、帰ってきた子どもの服を見ると衿元にチョコレートがついていて、あぁ…と思いつつ、お礼を言って、さりげなく「歯みがきしましたか？　着替えといっしょに入ってたと思うんですが……」と聞いたら、歯ブラシを嫌がって逃げるからできなかった、という答えがかえってきました。（Aさん）

今日は、私は姑の立場で言わせてもらいますので、まず皆さんの話を聞かせてもらいましょう（笑）。

子ども（3歳5か月）が生まれたのは、夫の転勤で関西にいたときでした。出産後、私は体調を崩し、子育てできない状態になってしまいました。そこで助っ人として姑が来てくれました。私は動けないので、ただただお願いするのみです。それから姑との同居のような状態が1年近くあり、その後、こちらに戻って近くに住むことになったので、今でも私の体がしんどいときはお願いしています。以前、子どもを預けたときに紙オムツを渡したら、半日以上も交換せずにいたみたいで、ひどいオムツかぶれになっていたのです。聞いてみると、子どもがあばれて替えるのをひどく嫌がったので替えら

れなかったということでした。それと、子どもは離乳食から玄米菜食で育てているのですが、そこは守りたいので、お願いしますと伝えています。姑はよくできた方で、私の言い分を受け入れてくれます。もちろん最初の頃は、食事のことで気持ち的にいろいろあったみたいで、息子である夫に「私だって、考えて一生懸命やっているのよ」と愚痴っていたようですが…。でも、何回か食事のことなど、やりとりを重ねるうちに、「これでどうかしら？」と聞いてくれるようになって、本当に感謝しています。それと、姑に何か伝えたいときは、夫を介さずに直接、言うことにしています。夫を介するとかえってゴタゴタするので……。(Bさん)

**そう**そう、旦那を通すとろくなことがないのよね。

**近**所に住んでいるお姑の立場の方の会話を聞いていたら、「うちの息子夫婦と孫が寄りつかないんだよ〜」と1人が愚痴ると、「孫はお菓子がないとこないよ〜。やっぱチョコレートなんかいいねぇ」と明るく話してました。お姑さんたちも孫に来てもらいたくて、いろいろ考えているんだよね〜。(Cさん)

**私**もお姑さんが近くに住んでいるんですが、連絡が全部携帯のメールでくるんです。私はよく携帯を家に置いて出かけてしまうので返信できないでいると、メールがだんだん怒り調子に……(笑)。

週1回は顔を見せに行くのですが、忙しい方なので、お姑さんの都合に振り回されてばかりで、とても子どもの面倒を見て下さいと言えないから、預かってもらえるなんて羨ましい。(Dさん)

**お姑**さんに預けると思うと大変だから、お友だちと預かりっこした方がいいわよ。お姑さんが自分の家の鍵を持っているという方、いますか?

**う**ちはオートロックなので、暗証番号を押すと開くんです。だから勝手に番号が変えられないんですよ。たまに外から帰ってきて玄関を開けるとスイカ置いてあったり、冷蔵庫に食べ物が入っていたりして、最初、びっくりして夫に「勝手に入ってきて冷蔵庫を開けられるのは、ちょっと困る」と言ったら、「俺はお前の親が勝手に入ってきても怒らないけど」と言われてしまって……。(Aさん)

**自**分の親には文句言えるけど、お姑さんにはなかなか言えないから大変なのよね。(Eさん)

**う**ちの場合は、私がフルタイムで働いていたので、上の息子に何かあったときなど、すぐに対応してもらうために鍵を持っててもらいました。今は私が家にいるので勝手に入ってくるということはないです。そういえば息子が風邪をひいたときに面倒をみてもらったんですが、ヤクルトを6本ほど飲んだみたいで、びっくりしました。また息子が電車好きだったので、風邪をひいて休んでいるのに、喜ぶからと電車にたくさん乗せて、「楽しかったわよ〜」と言われたときは、何も言えませんでしたね〜。(Fさん)

うちの場合は初孫だったので、お姑さんのやってきた子育てと今の子育ての違いなどでぶつかりました。お姑の時代は粉ミルクを飲ませる時代だったので、私が母乳だけで育てていると粉ミルクを足さなくて大丈夫なのかとか言われたのです。その後、自分の娘（夫の妹）が子どもを産んだら、今は母乳で子育てする方がいいと言われているんだよって。おかげでそれからは言わなくなりました。（Gさん）

そのあたりのことを少し私の方から説明させて下さい。私の母が子育てしてた時代は、母乳で育てるのが当たり前でした。ところが、私が子育てした頃、いわゆる高度成長期の時代は、粉ミルク会社が我が商品を売らんとばかり、産婦人科病院に粉ミルクを推奨するように圧力をかけたり、健康優良児コンテストを開いて、粉ミルクで大きく育った子を選んだりしていた時代でした。今60代から70代のおばあちゃんは粉ミルクで育てた方がいいと思っている方が多いのです。また、その頃は大きな病院で産み、生まれたら母子別々にいた方がいいと言われていた時代でした。

自分が子どもの頃は、お菓子がなかった世代でもあります。バナナとチョコレートはあこがれの食べ物でした。また、若い頃に皇太子のご成婚をきっかけにテレビが一気に普及した世代でもあるのです。この年

代の人にとって、消費は美徳とされていたので、子どもを粉ミルクで育て、テレビを見せ、お菓子を存分に与えることは高級なスティタスだったのです。お姑さんは、そういう時代に子育てした方なんだと、頭の片隅に置いといて下さい。

　自分のやって欲しくないことをイヤと言えることが大事です。それを上手に伝えられるようにしましょう。それは嫁姑の間だけでなく、人と人との関わり合いのいちばんの基本です。お姑さんにもまず「3ついいことを言って、1つ拒否」こういう技術があれば上手にイヤが言えるのではないでしょうか。繰り返しますが、今のお姑さんたちは高度成長期に子育てをした世代ですから、姑の言いなりではなく、自由に子育てしてきた世代なのです。親や姑から教わることもなく、子育てが何たるものか、な〜んにもわかってない人が多いと思って下さい。

**子**育て環境的にも今は大変な時代なのに、さらにおばあちゃんたちが頼りにならないのでは、私たち世代、なんて大変なの！
（保育者Aさん）

**大変**、大変と時代のせいばかりにしていては、前に進めないでしょ。私もね、これではいけないと50代のときにじじばばの会を作りました。孫にお菓子とお金を与えずに、手作りのおもちゃを与えたり、いっしょに遊んだり、語ったり、歌ったりしましょうという会です。グループを作ってやらないと孫にお菓子とお金をあげるだけの人が多かったのよね。本当に今のお姑さんたち、わかってないわよ。お嫁さんが教育しなくてはね、イヤなものはイヤと伝えてね。

　姑の立場から言わせてもらうと、「これとこれを子どもにして下さい」

大敬老の日に幼稚園に招かれて、おじいちゃん、おばあちゃんたちと話し合う機会がありました。そのとき、「若い人の何がイヤですか？」と聞いてみたんです。1つは、子どもの言いなりになるのがイヤと。たとえば子どもがハンバーグを食べたいと言うと、（何も考えずに）その通りにするとか……母親が主導権を持たなくてどうするのと思うそうです。

2つめもちょっと1つめに似ていますが、今日はきちんとした服を着なくてはいけないというときに、子どもが嫌がるからと好きな服を着させたり。子どもの言いなりになっているだけなのに、いい母親面するのがイヤ、とか。

「でも小学校あがる前の孫にお金をあげたことがない人いますか？」と聞くと、誰もいませんでした。

とお嫁さんが言ってくれた方がいいですね。逆にお嫁さんの方もチョコレートを1回ぐらい食べたって、歯磨き1回しなくたってもいいやくらいのずぶとさを持って欲しいですね。じいちゃん、ばあちゃんと親が違う方針でも、子どもは、それはそれで学んで育っていきます。血縁関係というのは切っても切れないしんどい関係なんだから、当たらず触らず付き合って、私のような公共ばあちゃんを子育てにうんと利用したほうがいいと思いますよ。

おばあちゃん。おじいちゃんだって孫の言いなりになってますよ〜。(保育者Bさん)

子育ての責任者じゃないかしらいいの。私の母親世代までは、子育ての責任はじじばばにあったけど、今は親。

私は、預けるときは全面的に任せてしまいます。預けの中身は問わず、とにかく預かっていただいて助かったということを伝えてます。お互いにプラスの情報だけみて後は見ない(笑)。お姑さんとの相性もあるんでしょうけど。(Gさん)

家に置くには大きすぎる滑り台をいただいたのですが、申し訳ないけど捨てました。それにたまに子どもを預けると、ずーっとビデオを観せてるみたいで……。でも、最近は子どもが大きくなって、子ども自身がああしたい、こうしたいと、うちではこれを食べないようにしているとか言ってくれるようになって楽になりました。(Hさん)

うちはマンションなので物が増えるのは困るんですね。だから、何か買ってもらったら「うちは置く場所がないので遊びに行ったときに遊ばせてもらうから、そちらに置いてもらってもいいですか」と伝えてます。子どもも買ってもらったおもちゃは、おじいちゃんちにあると知っていて、遊びに行くことをとても楽しみにしています。食べ物に関しては、お姑さんは牛乳信仰が強く、子

どもに会うたび飲ませたがるので、息子はちょっと困ってるようです。強制しないで下さいとうまく伝えたいと思っているのですが。（Jさん）

**姑の**方も私はこうだと伝えておくことが大事ですね。私は娘の旦那さんにも息子のお嫁さんにも、気を遣って私に何か物をくれないでね、と言ってます。必要ない物を貰ってしまうと始末に困るのよ。そういうことを初めに言っておく。

**子**どもが4人います。2番めを産むときに長女を1か月預けたら、お菓子をたんまり食べてぶくぶく太って帰ってきたんです。4人目を産むときは「おやつはこちらで用意して子どもに持たせましたから準備しなくて大丈夫ですよ」と言って、普段うちで出しているおやつを日数分、袋に分けて子どもに持たせました。子どもも今日はどの袋にしようかなと選ぶのが楽しみだったようで、この方法はよかったです。食事については、おばあちゃんちに行くのを子どもたちも楽しみにしているので目をつむりました。生活時間については、毎日の時間割を渡しました。私はこんな風にして乗り切りました。（Kさん）

うちは初孫だったのでお互いに最初は大変だったのですが、違う目（見方）もあった方がいいのかなと考えるようになり楽になりました。結婚したばかりの頃は、仲のいい嫁と姑を夢みてたんですが、考えてみれば同じ男を取り合う仲、そもそも無理があるんですよね。育った時代も違うし、いろいろ衝突があっても仕方ないと思えるようになりました。今は、そう思ってうまくバランスをとりながら、いい距離間を探りながらやってます。（Gさん）

**これ**くらのことなら！　という太っ腹がないと子育てはできないわよ。

## 育自力・育児力

　育児力というのは、別の言葉で言えば、子どもの「信頼を得る力」ということでしょうか。まずは、衣食を提供して、オッパイを飲ませ、おしめを取り替え、安心の場を提供（抱いたり　語りかけたり）しながら、「この人はボク（ワタシ）を心地よくしてくれる人」と思わせることのできる力。そして、楽しい時間を提供しながら、生きていく上での善し悪しや、生きていく術を示し「頼れる人」と思わせることのできる力。

　具体的にはどういう事かと言えば、食べる、出す、寝る、起きる、着る、脱ぐ、清潔にするなどの生活習慣をしっかり身につけさせること。また自分を主張（けんかを）し、修復（仲直り）しながら、人とのかかわり方を身につけさせること。そのために必要な挨拶を示し、生きやすい方法を示していくことです。

　そういう力を子どもが「楽しいなぁ」と思いながら身につけていけるとしたら、どんなにいいでしょう。それは育児力にかかってきます。

　もっと言えば、「あれしちゃだめ、それしちゃだめ」と否定するのではなく、「これをしよう」と言える「これ」をたくさん持っていることです。

　「騒いじゃだめ」というのではなく「手遊びしよう」と言える力、「歩きながら食べるな」という前に「座って食べる」ために工夫ができる力、「自分で着ろ」という代わりに「自分で着たくなる」環境を整える力です。その力を育てるのが育自力です。

　「騒いじゃだめ」と言わないためには、遊びをたくさん知っていればいいのです。座って食べたくなるには、いっぱい遊んでお腹をすかせ食欲を刺激すればいいのです。自分で着たくなるにはほかの子が楽しそうに着ている様子を見せればいいのです。

　子どもはそんな理屈通りにいかないよ、とおっしゃるかもしれません。そうですね。でも、親が「育自力」をつけ「育児力」をつけてくると、かなりラクになります。

## 断乳（卒乳）はいつがいいの？

私の貧血がひどくてしかたなく、上の娘は1歳2か月でやめました。もう少し体力があれば、もっとあげたかったな。(Aさん)

私はオッパイに絵を描いてやめさせる方法があると聞いていたのですが、怖がらせてやめさせるみたいで、それはやりませんでした。寝る前に必ずあげてたのですが、「大好きだよ〜」と言いながら抱きかかえるように寝かしつけました。2日間は泣きましたが、3日目には泣かなくなり大丈夫でした。(Bさん)

オッパイをいつ離すか……ということですが、その時代によって子育て方法論の流行（はや）りがあります。その時代に学者（その道の権威者）の意見に惑わされ易いものです。母親は、早く離した方が早く自立すると聞けば、早々とやめてみたり、母子関係をよくするために子どもが自らやめると言うまで飲ませた方がいいと聞くと、がんばって飲ませ続けてみたり……それを反映しているのでしょう言葉も"断乳"や"卒乳"と言ってみたりと。ちなみに私の頃は"乳離れ"でした。私自身のことをふりかえってみますと、私がお乳を飲んでいた頃は、そういった言葉もなく自然とそれなりにしていた。私は7歳まで飲んでいたそうです（笑）。そして私が子育てする頃は、自立のために1歳になったら離しましょうという時代でした。

2番目（女・年長）は2歳半まで飲んでいて、下の子を妊娠したので1度中断したんです。でも、下の子が生まれたらいっしょに飲みたがるので飲ませてたんです。そのことを保健婦さんに話したら「いいことしてるわね。あごの発達にすごくいいから、どんどん飲ませてね」と言われて私もいいんだと安心して飲ませていたら5歳まで飲んでいましたよ。(Cさん)

20年前の保健婦さんは自立しなくなるからやめなさいと言ったのよねー。育児書を読んだり、またテレビや講演会等で得た子育ての情報って、結局自分の都合のいいものや、いちばん自分にぴったりくるものを選びとってませんかね。Cさん（笑）。（保育者Bさん）

私は、いちばん上のお姉ちゃん（年長）のとき、体の都合で3か月でやめざるをえなかったのです。2番目（男・3歳）もやはり10か月で、3番目（1歳3か月）は今も飲んでいるのですが、できるだけ飲ませてあげたいなぁと思っています。（Dさん）

### 早くやめたことで、何か弊害があったの？

上の娘との関係がうまくいっていないって気がして……。性格が合わないというか、それが、もしかして、はやくオッパイをやめたせいかなーって思って。（Dさん）

オッパイは関係ないんじゃないかなぁ。お姉ちゃんとは、ちょっと……と思うときがあったけど、下の子と同じくらい、オッパイあげてたよ。（Cさん）

うちの上の娘（小2）は8か月でやめたんですが、その後ひどく指しゃぶりをするようになってタコができる程に、それって早くやめたせいなのかな……と思ってしまったけど……。（Eさん）

**う**ちは小3の下の息子がつい最近まで、陰でちゅぱちゅぱとしてました。(笑)「なくて七(なな)クセ」と言うけど、子どもっていろんなクセありません？　大人も。あっても大丈夫と思うけど……。(Fさん)

**指し**ゃぶりとか毛布を離さないとか、そういうクセは成長とともにだんだん卒業していくもの。その事でお母さんは自分を責めなくてもいいと思うわよ。

**私**は1歳でやめて、よかったと思ってます。物ごころがついてからだと、やめづらくなるのではと思ったので。それと人前であげるのも大きくなるにつれ恥ずかしかったので……。(Fさん)

**私**も……。夜、ぐっすり寝られないのも、つらかったし……(Dさん)

**子ど**もの側の問題というより、お母さんがずっとあげるのは大変、あと数年だからと思えるからできるのよね。それと先程もいったけど子育ての方法論というのはいつも強い、極端な論が注目されるのよね。今は、いろんなやり方が紹介されているし、その中で自分の生活に合ったもの、子どもに合ったものを選べばいいのではないかと思います。自分を責めることはないですよ。

## おむつは いつ頃はずしたらいいの？

上の娘は3歳になってもおむつがとれなくて。そこで経験豊富なお母さん方に聞いて、片っぱしから試してみたけど全部ダメ。結局、4歳のお誕生日が過ぎた頃に、あっさりできるようになりました。（Aさん）

**私**は、読んでいた育児雑誌に1歳半くらいが目安とか書いてあって、上の娘が1歳半になっていたので始めたんだけど、雑誌に『怒ってはいけません、もらしたら「じゃあじゃあ出ちゃったね」と笑って答えて下さい』と書いてあって、がんばってたんだけど、そのうちに「じゃあじゃあ」と言って平気で笑ってる娘の顔をみて、ニコニコしなくてはいけない事がものすごくストレスになってやめました（笑）。それで、どこまでオムツできるか実験してみようと思っていたのに、3歳前で子どもが嫌がって、うちもあっさりとれちゃいました。（Bさん）

**子ど**もはちっとも焦ってないのに親が焦っているのよね。トイレをしている所を見せてはどうかな……。

**う**ちの上の娘（小1）は3歳までとれなかったけど、次の娘はお姉ちゃんのを見て、1歳6か月でいつのまにかできるようになりました。（Dさん）

**う**ちも娘が3人いるんですが、私自身お姉ちゃんのときは、はじめてで家の中がウンチやおしっこで汚されることに慣れなくて……、近所の人に2歳5か月の頃「あら、まだはずれてないの？」と言われて焦ってがんばってはずしました。でも、3番目の娘（2歳6か月）の頃になると私自身もウンチ、おしっこに慣れて、汚れても平気になってきて（笑）。またお姉ちゃん2人が小さな妹をトイレに行かしたり、させるのが面白かったみたいで結局、お姉ちゃん2人がおむつをとってくれました。（Eさん）

**楽**でいいね〜。（保育者Aさん）

**う**ちは布オムツだったんですが、ビチョビチョ、ベトベト乾かなくって早くはずれるかな……と。でも下の子なんてベトベトでも平気みたい（笑）。性格かなー。（Dさん）

**今**や珍しい布オムツ。かたや紙オムツの方は著しい進化？（商業的進化）をし、サイズは豊富。吸収力はおしっこ5回くらいOK。最近はファッション性もでてきてますよねー。（保育者Aさん）

**紙オ**ムツが石油系のものでできている頃は、体にも有害ではと考えて紙オムツに反対でした。でも今は品質が改善されたので紙オムツもありだと思っています。それに統計的にいっても布と紙を比べて、とれる時期はかわらないといわれてます。ただ布の方がおしっこをしたときのビチョビチョ感がわかるので、子ども自身がおしっこ、ウンチとはこういうものだと体験できるとは思います。どちらが正しいとかはないと思いますが。

**最**近、気になるのは紙オムツの性能がよすぎるのでしょう。4、5回分のおしっこがたまったオムツをしている子を見かけることがあって、親はといえば、楽だわ〜とばかりあまり気にしているようでもなく……。（Fさん）

**私の**知ってる保育園では、1日中紙オムツをしているとどんな感じかと、大人に大人

オムツをはかして体験させたことがあったのよ。気持ちわるそうー（笑）1人目の子のときは親がする所を見せてはどうかしら？　男の子は、もちろんお父さんで。

**う**ちの上の娘（年少）は、私のを見ていたのですが、できるようにならなくて、近所の同じ位の子がしているのを見て、できるようになりました。（Gさん）

**最近**の子育ては、昔と違って「ネバナラヌ事」がたくさんあって、親がストレスをためやすい世の中になってしまったという感じがします。その親のストレスが子どものストレスとなり、子育てを苦しいものにしているように思えます。それと、オッパイもオムツのことも大事ですが、それよりも1日の生活リズムがきちんとできているかという方が大事と思います。その1日の生活リズムがきちんとできていれば、おのずからオムツはずしがスムーズにできたり…ということにつながっていくと思います。生活リズムというのは、昔は皆が早寝早起きだったので自然にできましたが、今は意識しないとできません。夜寝ないと成長ホルモンが出なくなるという研究発表もされています。ぜひ1つの現象だけを問題にするのではなく、子どもの生活リズムといったような全体を見まわして考えてみて下さい。

**息**子は今、3歳3か月なるんですが、4月にサークルに入るのをきっかけにトイレトレーニングをはじめました。ちょうど"いやいや"がはじまる時期と重なってしまったせいか、パンツにしようと言うと嫌がりました。先月の終わりからまたトレーニングを始め、パンツにしたところ、「チー（オシッコ）出る」と教えてくれるのですが、ウンチの前は紙オムツをはきたがるので、そのときは紙オムツにしています。サークルに行く日は、出かける前に「パンツとオムツ、どっちにする？」と聞くと、「オムツ」と言うので紙オムツにしていますが、家にいるときはパンツです。（Hさん）

**う**ちは、今4人目の子（2歳3か月男）がトレーニング中です。はじめたのは2か月前。サークルに行くときは紙オムツです。出そうだなという時間に誘って、トイレで出来たら褒めるというシンプルなやりかたをしています。2か月前は、まだ膀胱にためられなくて1時間に1回くらいのトイレ回数だったんですが、その後2時間くらいになってきたのでトレーニングを始めました。家ではパンツです。トイレトレーニングは気候やその子の気分によって回数や出来る出来ないが左右されますよね。（Iさん）

**親**の都合でやろうとすることは大体うまくいかないのよね（笑）。

**娘**（2歳11か月・2番め）にそろそろと思ってお姉さんパンツ（普通の布パンツのこと）を最近、買ってあげたらとても喜んではいたんですが、よくおもらししてだだも

れ。それでサークルに行くときは紙オムツをはきたがるようになって。(Cさん)

子どもって賢いから、紙オムツならオシッコ、ウンチをしても大丈夫（楽）とわかってしまうとそちらを選んでしまいませんか？この場面では布、こっちでは紙と親の都合で変えてしまってはどっちつかずになりそうな……。(Dさん)

そうですよね〜、親の都合でいろいろしちゃうとまずいですよね。だから夏休みに一気に行け〜と思ってます。雑巾片手に、もれてもOKだよ〜という感じで。(Cさん)

私の本の『育つ育てる』1巻（一声社）にも書いてあることなんだけど、2人目のお子さんになると、お母さんも慣れてきて子どものジャージャーでそんなにストレスを感じなくなるのよね。

その本でも紹介したんだけど、絵本『ぷくちゃんのすてきなぱんつ』ひろかわさえこ著（アリス館）を読んでストレスが軽減したというお母さんの話、今3番め（1歳4か月）の子育てまっ最中の上のお子さんのトレーニング中の話なの。最初の子のときは、何でもとても大ごとよね。でも2番めになると、こんなの当たり前と思えるようになります。トイレトレーニングのストレスの大きさはお母さんにどれだけ余裕があるかにかかってくるのよね。皆んな2番めから産めるといいんだけどね〜（笑）。怒っちゃいけないと自分を押さえることがかえってストレスになったりしてね〜（笑）。

**夫**の考えもあって完全布オムツで娘3人を育てました。私はウンチやオシッコが全く平気でオムツを替えるのが好きなんです。「今日はいいウンチだね〜」とか声をかけながら楽しんでました。オムツ替えがちっとも苦じゃなかったんです。布のせいか子どもから、1歳くらいになるとオムツが重苦しくて嫌になってきたみたいで、全員1歳半までにとれました。子どもがオムツじゃないほうが楽と思えばとれるのではないかなぁと思いました。（Fさん）

んだと思っていたから、パンツにしてオシッコをもらしても何てことなかったのよね。気をつかったのは食べ物屋さんに入ったときぐらい。

私のオムツはずしに対する考えですが、早くはずした方がいいとは思っています。でも、もしとれないことを悩んで私に相談してくるお母さんがいたら「小学校までにははずれるでしょう、大丈夫よ」と言いますね。はずさなくっちゃという親の焦る気持ちのほうが子育てにはよくないと思うので。

**昔に**比べると確かにオムツはずしが遅くなってきています。昔は1歳を過ぎた夏にするというのが常識でした。というのは、やはり布オムツの上に厚手のオムツカバーをしていたので子どもも暑いし、オムツをしているのは気持ち悪かったのよね。親もそんなも

**私**は娘（2歳11か月）にふりまわされてしまって、はずしたいのですが、娘はパンツにするとごねたり、逆にパンツでいいよというときは紙オムツにしたがったり……。夏休みが勝負と思っています。ウンチに関してはウンチがしたくなると運動会のように走り回るのでわかり

やすくて、最近、誘えば成功しているから明るい光が見えてきたって感じです。（Gさん）

**どう**なったら、完璧に終わったと感じる？　トンネルをぬけたとき……見える風景は？

　おねしょはね、小学校、中学校までしてても大丈夫。高校生になっても治らなかったら病院で診てもらってください。それよりもおねしょを罪なこととして子どもを責め立てるほうが問題。私の知っている子はいっしょに山小屋に泊まりに行ったとき、おねしょをしてしまったので、私がそっと乾かしてあげようかと言ったら、全く恥ずかしがらずに自分で始末すると言うので、「じゃあ、宿の人に言っておいで」と言ったら、自分で言いにいって周りにも「おねしょしちゃった〜」と明るく言っていました。

**私**は息子（年中）を産むまで、全く子育ての経験がなかったのでオムツのこととかは育児雑誌を読んでやっていたんです。雑誌には赤ちゃんのときは頻繁にとりかえてあげましょうと書いてあって、赤ちゃんの頃はまめに替えてあげてました。その後、歩くようになってからは、紙オムツは吸収力がとてもあって、4、5回しても大丈夫、サラッとしているというのが歌い文句だったので、あまり交換しなくてもいいんだと思って、1日1回なんていうときもありました。息子がトレーニングをしたのは2歳過ぎてから。でも2人目のときは子どものリズムがわかってきて、寝起きと食事の後には出ることがわかって、試しに1歳の頃、トイレでさせてみたらできて、本当に感心というかびっくりして「すごいね〜すごいね〜、できたね〜」と褒めていたら2か月くらいでとれました。（Hさん）

「おむつはいつになったらはずれるのでしょう?」という質問に私はいつも答えます。おむつはひとりでに「はずれる」ものではありません、お母さんが「はずす」ものです、と。

「私が妹の子守をしていたころ、おむつカバーは、古くなったセーターなど、目の詰まった羊毛でした。ですから大量にオシッコをするようになると、漏れてしまいました。自分の子どもを育てるころには、ゴム製のおむつカバーもでていましたが蒸れてかわいそうでしたから、熱湯に入れた古セーターでせっせとカバーを作りました。古セーターはどんなにフェルト状にしても、オシッコは漏れましたから、赤ちゃんは自分の体からオシッコが出てくることを、ごく初期の頃からわかっていて、おむつは1歳の夏に、遅くとも2歳の夏にははずせました。

今、2歳くらいの子に紙おむつをはずしてパンツをはかせると、パンツが濡れてオシッコが足を伝って流れてくるのを見て、泣き出す子もいます。自分の体からこんな生温かいものがでてくることに驚くのです。性能のいい紙おむつはオシッコが出たことすら気づかないうちに吸い取ってしまうのでしょうか。

まず自分の体からオシッコが出てくることに気づかせることです。「出ちゃったねぇ」と言いながら、流れ出るオシッコの後始末をしている親の姿も見せます。お尻を拭いたりパンツを取り替えたり、そこでスキンシップもはかれます。夏なら風邪を引くこともないでしょうから、7月頃思い切ってパンツに切り替えればいいのです。親がイライラしたり、子どもが意固地になったりして、9月末になってもだめだったら、また来年ということであきらめましょう。叱る必要はありません。

## 2歳の反抗期　どうしてる？

息子（2歳3か月）が、だだをこねて困ります。買い物に出かけて、あちこちのものを触ったり、いたずらをはじめたりと。「外ではダメだよ」と言っても聞かず、その場所から引き離すと大泣き……。ジュースで誘ってもダメ。結局何も買えずじまいで帰ることになっちゃった。（Aさん）

2歳児のイヤイヤ期を「反抗期」とおっしゃっているようですが、児童心理学的にいう反抗期は中学の頃の反抗的な時期をさすのであって、2歳児のイヤイヤ期とは質が違います。2歳児がお母さんの言うことをきかないように思えるのは多分、赤ちゃんから大きくなって、自分のやりたいことや思いが出てきて、それを周りの人に伝えたいのに、まだ言葉もうまく出ず、理解してもらえないためのかんしゃく行動がそう思えるのでしょう。

2歳児が何を思い、やりたいのかをお母さんがわかってあげられるとかんしゃくを起こさなくても済むかも。よ〜くお子さんを見ていればわかりませんか？

家と外で分けないほうがいいのではという意見がありますが、家には家のルール、外には外のルールがあって違っていてもいいと思います。たとえば家の冷蔵庫は開けてもいいけど、よその冷蔵庫は開けてはダメとか。1歳過ぎれば何度も繰り返し伝えていけばわかります。「ダメなものはダメ」をジュースでごまかさないほうがいいんじゃない？

うちの場合、私が感情的に子どもを怒ると夫が子どもを手招きしてお菓子やジュースをあげるんですね。余裕があると落ち着いて叱ることができるのですが、イライラしていると感情的に怒ってしまって、結局、子どもに伝わらないしダメですよね。（Aさん）

**ヒス**テリックに怒るよりも静かに「ダメよ」と30回言ったほうが効果的です。子どもがギャーギャー騒ぐのに根負けして言うことをきいてしまっては、子どもはギャーギャー騒げばお母さんは言うことをきいてくれるということを学習してしまいます。まずは子どもの要求をわかってあげ、そしてできるものは要求をかなえてあげ、でも「ダメなものはダメ」と伝えていけばいいのです。1歳3か月くらいを過ぎればわかるでしょう。幼い子がわかる言葉で30回くらい繰り返すつもりでね。

赤ちゃんでも、赤ちゃんだからわからないと思わずに、たとえばコンセントを触ろうとしたときにちょっと怖い顔をして「めっ！」と30回繰り返せばしなくなります。メリハリのある子育てをね。

**娘**（2歳6か月）がものすごく反抗的で……。「これはダメなんだよね」と言いながら（わかっているくせに）絶対、引かなくて、娘との波長が合わなくて困ってます。（Bさん）

**お母**さんを試しているのかな？　子どもが親の困ることをするときは、「こっちむいて、かわいがって」という表れかもしれません。

2歳児と波長が合わないなんて思わずに、ちょっと工夫してみたらどうでしょう。まずは子どもの喜ぶようなことをしてみてはどうですか？

**先**日、「風の子」から帰ってきたら、娘が「今日、〇〇ちゃん、泣いてたの」と言うので、「どうして？」と聞くと、「わたしが、髪、引っぱっ

ちゃったの」と言うので、「そんなことをしちゃダメでしょ」と怒ったのですが……。自分が悪いことをしたということはわかっているんですよね。（Cさん）

**まず**、お母さんに話してくれたことをほめてはどうかしら？　それから、かっと怒らずに、「引っぱちゃったの？　それで？」と娘さんの言葉を繰り返してあげながら、じっくり話を聞いてあげる。

よく保育者が子どものケンカに入ってしているでしょう。おもちゃの取り合いのケンカをしたら「A君はこのおもちゃで遊びたかったの？」「B君、A君はこのおもちゃで遊びたかったんだって」「そっか〜、B君が先に遊んでたのか〜、A君どうする？」と子どもの言い分を受けとりながら子どもに考えさせる。こういう技を自分の子どもにできるといいですね。まぁ、保育者も自分の子じゃないからできるのでしょうけど（笑）

**自**分の子が目の前でわ〜っと騒ぎはじめてしまうとゆとりがなくなりますよね。私は子どもを連れて買い物に行くときは、まず子どもに私の買い物に行くことを伝えます。もし、子どもが公園に行きたいというときは、それならどうしようかと交渉して、買い物が終わったら公園に行こうと決めてそれから出かけます。私の都合に子どもを付き合わせるのですから、子どもだって予告せずに無理やり連れていってはイヤイヤ感だけがつのります。きちんと子どもに親の都合を伝え、子どもの都合も聞き交渉して行動するとうまくいくことが多いです。（Cさん）

**そう**ね、親って子どもの気持ちを考えずに、自分の都合を子どもに押し付けてしまいがちですね。子どもにも都合があります。

**う**ちの息子（2歳6か月）はどちらかというと言葉が出るほうで言っていることもわかるのですが、夕ご飯のときはいつも全部食べたらデザートとして甘いものをあげていたんですね。そうしたら最近、「全部、食べたら何があるの？」と聞いてきたり、自分の好きな甘い物でないと「ご飯食べない」と言ってきたり、朝ご飯のときも要求したりするようになってきて、どうしたらいいのだろうと、悩んでいます。(Fさん)

**ここ**はシンプルに「じゃあ、ご飯も食べなくていい」と、あげなければいいんじゃない？1、2食抜いても死にはしません。

食事の悩みでよく聞くのは、子どもがあまり食べないという悩みです。お弁当を毎回残すとかね。お母さんもお弁当なら嫌いなものも食べてくれるかもと期待してたくさん詰め込む傾向があります。でもこういう場合は全部食べられたという喜びの経験をまずさせることが大事です。だから普段、食べているより少なめにしたり……ね。

朝ご飯をなかなか食べないとしたら、早起きして朝ご飯の前に1時間くらい遊ばせれば、お腹がすいて食べるかもしれません。子どもも起きぬけでは食欲もないでしょう。

**息**子（3歳6か月）がとても偏食で。息子が食べるのはご飯とポテトと納豆、生卵くらいです。お弁当はいつもご飯にふりかけとポテトのみ。卵も焼くと食べてくれません。30分かけて作った離乳食も全く口をつけず、栄養士さんにも相談しましたが直らないまま今に至ってます。偏食でも体だけは大きく育ってはいるのですが。（Gさん）

**実は**私も偏食がひどく、肉魚類はダメ、すっぱいものもダメ、乳製品もダメとあって母親にさんざん叱られました。でもある日、父親が「蚕というのは桑の葉しか食べないが、あんなにきれいな糸を出すぞ」と言ってくれてとても救われました。まずは何か全部食べたらほめて、ちょっとずつあまり口にしなかったものをあげていってはどうでしょう？　そして食べたら、また褒める。

　私は下のお子さんが生れた方に必ず、周りに上の子を無条件にかわいがってくれる方を作っておくといいよと言ってます。下が生まれるとお母さんはどうしても下の子にかかりきりで世話をせざるをえなくなるしね。

　とりあえずお宅の場合、食べ切れそうな物と量を考えて、全部食べたら2か月間くらい、上のお子さんをとにかくほめてみたら？

**褒**めるのって難しいですよね。怒ることはたくさんしてくれるのですが。でもつい先日、6歳の息子がとても行儀悪くご飯を食べていて、その日は一日中怒ってばかりいたので、ここでまた怒ってもなぁと思い、「お母さんの作ったきんぴらごぼうを食べてくれてありがとう」と言ったら、急に姿勢を正して食べ

始めたんです。そうしたら下の4歳の娘も行儀よく食べ始めて。まさか、こんな言葉で姿勢がよくなるなんて思わなかったのでびっくりしました。（Gさん）

とにかく褒める。怒り過ぎる弊害より、ほめすぎる弊害は少ないです。ほめすぎての弊害は親が奴隷になりがちのところかな？それでも怒り過ぎる弊害よりいいと思います。よく言ってますが、ひとつけなす前に3つ褒めるを実行してみてください。

## 他人のせいにしない生き方

　友だちといっしょになると、ちょっとした「ワル」になる子がいます。子どもって（大人だって）一人ではできないくせに友だちといっしょになると気が大きくなって思わぬことをやってしまいます。それがいいことなら皆んなで喜び合えるのですが、悪いことだと、皆んなで責任をとはならず、「だって〇〇ちゃんが言い出したんだもん」「△△ちゃんがやれって言ったから」と他人のせいにしがちです。どんな幼い子でも自分がやったことには責任を負わねばならないと思っています。勢いでごみばこを倒したりとき、「あーらら」とか「め」とか言えば、1歳の子だって一瞬しょげてうなだれます。それが大事です。1歳だから何をやっても仕方がないと考えるか、1歳だって自分の行動には責任をもたなければいけないと考えるか、その違いです。まずしょげる機会を与えてから、「まちがっちゃったのかな？」とか「ごめんねは？」とか言って、言えたときはいっぱい褒めてあげればいいのです。

　「この子は体が弱いから」「この子は障害があるから」ということを考慮することは必要ですが、それを口実に甘やかすのは子どもに失礼でもあります。「夫が協力してくれないから」「夫の親と暮らしているから」「私自身が親にこんな育てられ方をしたから」そういう条件に左右されるのは、やはり自分が弱いからではないでしょうか。そうやって他人のせいにするのは、自分に対して失礼です。

　もっと言えば宗教だって「聖書に書いてあるから」「お坊さんがこう言ったから」と鵜呑みにするのは、宗教に対しても失礼だと私は思っています。

　ひとのせいにしない生き方をしたいと思っています。私は強い女になりたいのです。他人のせいにしなくてもいいように、強くなりたいと思っています。自分の納得のいく生き方をしたいと思っています。

## テレビと どう付き合う？

うちは核家族なので、夕方のごはんを作るときは、どうしてもテレビをつけてしまいます。子どもは静かになるし、とても助かっている。でも、ず〜と見せ放題というのも何となく問題のような気がして。（Aさん）

テレビは、けっしてことばを教えてくれませんよ。皆さんは、どうしてます？「テレビは見せないほうがいい」という正論がある一方で本音はどうかしら。

テレビと、どう付き合うかよりも先に、私は小さければ小さいほど、見せない方がいいと思っている。まず1歳までは、全く見せない方がいいと思ってるの。テレビは、刺激が強いし、ほかにも沢山、理由があるのだけれど……。（Bさん）

子どもたち同士のなかで、テレビのことが話題になるし、ほかの子とコミュニケーションをとるためにも、テレビを見るのは仕方がないと思う。それに、やはり楽しいし。親の勝手な思いで、見せないのもちょっとかわいそうな気がして……。（Cさん）

夕方、テレビを見せてしまうと、お風呂に入ったり、ごはんを食べたりするという流れが止まってしまうので思いっきりやめてしまった。子どもは、けっこうすぐテレビを見ないことに慣れるし、流れもスムーズになりました。（Dさん）

テレビに子守りをさせていると、どうなるのかしら？（Eさん）

子どもは子守りをしてくれた人に、大きくなってからも頼るのよね……。（Fさん）

生まれたときからテレビが、ず〜とある世代にとって、全くテレビを切り離して生活するのは難しい。自分も楽しんできたということもあるし……。（Gさん）

## テレビと子ども

### 百害あって一利なし

「1歳までのテレビは百害あって一利なし」と思っています。テレビは身につく言葉を教えてはくれません。特に1歳までの赤ちゃんにとってテレビから次々と流れてくる音は雑音でしかありません。

「オッパイ」という言葉といっしょにおなかが満たされる。「いい子ね」という言葉といっしょにお母さんの笑顔がある、そういう関係の中で子どもは言葉を覚え、安定した気持ちになっていきます。自分の体に満足することがないまま言葉だけ流れていくとすれば、それは雑音でしかありません。あまりにたくさんの雑音が次々と流れてくると、受け止めきれなくなって、自然の摂理でその子の体は自分を守るために、聞くことを拒否するようになるのでしょう。機械を通した言葉を聞かされすぎた子が、機械を通した言葉だけでなく、生身の人から出てくる言葉も全て拒否して受け入れなくなってしまうということもあります。

### 3歳までは　テレビ不要

3歳まではテレビ不要と思っています。まあ百害まではないとしても、見せないに越したことはないと思っているのです。3歳までは言葉をどんどん覚える時期です。そのときに、体が経験したことと言葉がいっしょになって（それも楽しい体験といっ

しょになって）はいってくると、子どもはたくさんの言葉をしっかり覚えることができます。「殴られれば痛い、殴った手も痛い、体だけでなく心も痛い」ということを言葉といっしょに覚えるということです。テレビの殴り合いを見ても、殺し合いを見ても、見ている本人は体も痛くないし、心もちっとも痛くありません。一度でも殴ったり殴られたりした経験のある子なら、画面を見ながら「痛い」と思えますけどね。

　正義をふりかざして戦うテレビから、子どもたちはどれほどの痛みを感じているのか疑問です。「そんなものは見せていないよ、"どらえもん"とか"しまじろう"とか、心が温かくなるようなものを見せているんだよ」とおっしゃるかもしれません。

でも私はその「時間」すらもったいないと思っているのです。テレビがついていなければ、子どもは自分の体と頭を使って、もっと創造的なことを（大人からみればいたずらですけど）するだろうと思います。

### 言葉を覚えるときに大事なこと

　1歳半位から「これなに？」「あれなに？」という第1質問期にはいり、「質問する、応えてもらう」という形で言葉を覚えていくのです。2歳半位からは「どうして？」「なぜ？」の第2質問期です。その「どうして？」に応えてもらいながら、本人も考えることを学ぶのです。言葉で考える、自分なりに考えるということを、その繰り返しの中で培っていくのです。

つまり3歳までは大人とのやりとりの中で言葉を覚え、大人とのやりとりの中で考えることを身につけていくのです。「やりとりの中で言葉を覚える」ということは、言葉だけがやりとりされるわけではありません。マンマと言いながらごはんを口に入れてもらったり、きれいきれいと言いながらおしめを取りかえてもらったり、大人と子どもの心のやりとり、言い換えれば愛情のやりとり（叱ることも含めて）があるのです。

ずっとずっと昔から子どもはそうやって大人とのやりとりの中で言葉を覚えてきました。それが今、体験のないまま、やりとりのないまま、テレビから言葉を覚える子が増えてきました。いちばん先に覚えた言葉が「ママ」や「マンマ」ではなく「モン（どらえもん）」だったという報告もあります。

### 言葉の獲得は体験とともに

やりとりの中で言葉を覚えるはずのその時期に、一方的に言葉を発射するテレビが本当に必要なのだろうかと思ってしまうのです。テレビを見せておくと子どもはいろいろな言葉を覚えます。それは子どもの体を通した言葉ではないとしても、幼い子がちょっとおませな言葉を使ったりするのはかわいいものですから、言葉が増えたと喜んでしまいます。言葉が先走るという状態です。まあ言葉が先走っても、そのうちその言葉にふさわしい体験ができればいいのですけれど、それもできないまま

言葉がどんどん先走ってしまうことは恐ろしいことだと思うのです。

> **テレビは有能なベビーシッター！？**

　テレビは有能なベビーシッターでもあります。でもお任せするとそれなりの「お返し」をいただくことになります。子どもにこっちを向いてもらいたいのに、ベビーシッターの方ばかり向いているということにもなりかねません。ベビーシッターを恋しがり、ベビーシッターがいないと落ち着かなくなり、ベビーシッターの声（機械からの音）が常に聞こえていないと気もそぞろ、そんなことにもなりかねません。

　あえてテレビの悪口ばかり書きました。反論をお待ちしています。そうそう、風の子の方ではありませんが、私が「子どもたちにもっと語りかけ、もっと歌いかけ、もっと笑いかけていきましょう」と言ったら、「藤田さんの言っていることを、その通りテレビがやってくれています。テレビは子どもにも大人にも、語りかけ、歌いかけ、笑いかけてくれているのに、そのどこがいけないんですか」とまじめにきかれたこともあります。

## 男の子の育て方、女の子の育て方は違うの？

男の子も女の子も悪いことをすると2歳くらいまでは同じように叱っていました。でも男の子にはスパッとできるのに、女の子にはできなくなって……。（Aさん）

うちには息子2人（小5、小3）と娘2人（年長、2歳）がいます。全員2歳くらいまでは、悪いことをしたらおしりをペンペンと叩いてきたのですが、最近、女の子にはできなくなってきました。男の子には私が叩いて叱る気持ちがまっすぐ届く気がしますが、女の子だと気持ちが届かず、ただ泣くだけになってしまう気がして、思いきりできないのです。でも、こうやって違ってしまうと、将来どうなるのかなと。（Aさん）

私には小3の娘、小1と3歳の息子2人の子がいます。私の経験では女の子には小さい頃からガードがあるような感じがします。ママ友で、子どもとスキンシップをするのが大好きな人がいるんですが、男の子は喜んでぎゅっとされるのに、女の子は冷ややかな感じでした。女の子には自分を守っている線があるというか……。娘に小言を言うと、ため息をつかれるのですが、息子たちはちゃんと聞いてくれて、直に伝わっている気がします。娘を叩くとあたしを叩いたわねという感じになり、やりづらさを感じます。（Bさん）

うちは小2の息子と2歳の娘がいますが、男の子は素直。ケンカしても、すぐに忘れる間口の広さを感じます。女の子は1回こじれると面倒くさい、間口が狭い感じがして、でも、しっかりしてますね。だから私は根本的に違う生物だと思ってます。女の子は同性だから理解はできるし、男の子の方が素直で母親を受けいれてくれるので、かえって持っている活発な部分を下手すると母親がつぶしてしまうのではと反省をこめて思ってます。

男の子と女の子の育て方は変えた方がいいと思います。(Cさん)

　**う**ちは年長と産まれたばかりの息子2人と3歳の娘がいます。やっぱり男の子は素直な感じがします。女の子はうちの場合だけかもしれませんが、カンが強くてわがままで感情的です。だから対応を変えざるを得ない。娘は気持ちから入らないといけないですね。同じように平等がいいでしょうかね？(Dさん)

## 変えないという方います？

　**わ**が家は0歳の息子と上に4人の娘がいます。とりあえず息子はすごく（娘たちに比べると）泣くなぁくらいしか思ってなくて、男の子だから、こうしようとかは今はないですね。娘たち4人を見ていると素直な子もいれば、独立心旺盛な子もいるし、それぞれ違います。親も個性があるし、子どもたちも一人ひとりの個性があるので、そのときの状況や子どもを見て、個別に対応していくことが必要かなと思ってます。(Eさん)

　**お**子さんが4人いる方に「無意識に下の子は上の子を見て覚えるだろうと思ってない?」と言われたことがあったんです。そういえば1、2番目の子には、こうやるんだよ、といっしょにやったりして手をかけたのに、下は勝手に上を見てできるだろうと放っておいてしまってたところがあって、いざ「やりなさい」と言うと地蔵のように固まって動かないというところがあったんですね。いつのまにか子育てを手抜きしてた

ようで、手をかけ、目をかけしないといけないんだなぁと反省しました。でもつい赤ちゃんの世話をしないといけないとか、家事とかに逃げてしまって……。(Eさん)

**わが**子には言わなくてもわかるだろうと親は甘えてしまうのよね、子どもに。

**私**自身は弟が2人いるのですが、上だからとか女だからと違って育てられたという感じはなく、同じように育てられてきました。だから同じようにしていけばいいのではと思ってます。(Gさん)

**男の**子とか女の子とかの前にまず一人ひとり見るのが大事と思います。以前にも言いましたが、忘れ物をよくしていたわが息子にモンスターペアレンツだった私が(笑)、小学校の担任の先生に、「伝わるように話してください」と言ったところ「クラスの子40人に私は同じことを話しているのにお宅のお子さんだけわかってない」と言われました。1回言ってわからない子には3回言うとか、一人ひとりに応じて考えて言うのが先生の勤めでしょっと心では思いました。そのときは今ほど、ずうずうしくなくて言えなかったのよね(笑)。

**私**は長女で、下に弟2人がいるのですが、真ん中の弟が小児喘息で、母が喘息のときに過保護過ぎて悪化することがあったので、意識的に弟が喘息の発作をおこしたとき、突き放すような感じで接していたら、弟が小1のときに「お母さんは僕のこといらないんでしょ」と言っ

てきたそうなんです。私自身はお姉ちゃんなんだからとか言われた記憶はないし、必ず何らかのフォローをするいい母だと思っているのですが、その話を大人になってから聞いて子育ては難しいと思いました。どうすればよかったのかなぁ……。(Fさん)

兄弟に1人だけ弱い子がいると、ほかの兄弟との子育てのバランスをとるのが難しいですね。(Gさん)

うちの小3の娘はよくお手伝いしてくれるんですね。そのせいか弟たちは自分はやらなくていいと思うのかお手伝いしません。でも、ある日、お姉ちゃんが「私ばかりなんでやらなくちゃいけないの」と言ってきたんですね。それに対して、つい「お姉ちゃんだし、女の子でしょ」と自分の中で普段意識してなかったことを言ってしまったんです。私は本心ではこう思っていたんだと気づかされました。(Bさん)

## 学校に上がる前のお子さんに毎日のお手伝いとしてやらせていることありますか?

幼稚園の娘にはお風呂のスイッチを入れることを、2歳の娘には玄関の靴を揃えることをさせています。(Eさん)

基本的には子どものやりたいことですね。お風呂そうじやお湯はりとか。((Dさん)

**上**の息子が年中だったとき、食卓テーブルを拭くことをさせてました。でもなかなかしないと横でイライラと膝をたたきながら待っていて、かなりプレッシャーを与えてました。(Cさん)

**私は**働いていましたから、息子にご飯のスイッチを入れるということをさせてました。息子が忘れると夕ご飯のときに家族が食べられないんですね。そういうときはじっと家族で息子をにらんで(笑)。自分がこれをしないとどうなるか身をもって知らせることは大事だと思います。

**う**ちは1歳でカーテンを開ける、2歳の今は卵をわることをさせてます。(Jさん)

**手伝**いの責任をその子に持たせるのは4歳くらいからかな。それまでは家の仕事にはこんな仕事があるよと見せたり、いっしょにしたりして、4歳になったら、どれだったらできるかな? と聞いて選ばせてさせるのがいいと思います。

**私**の両親は共働きでとても忙しかったので、小1のときから妹の世話を含めて、トイレそうじ、お風呂そうじ、布団の上げ下ろしをさせられてきました。12歳のとき、早くこの家を出ていこうと考え、それから勉強して大学から家を出ました。今でも、ちょっと母親をうらんでます。(Jさん)

**私**も2歳上の兄がいて、兄は何の手伝いをしなくてもよくて、

女だからと私は中高校時代、働いていた母の代わりに家事をやらされて、家事の合い間に部活や勉強をしなければならず、あのときもっと勉強する時間があればと、勉強で苦労したので親のせいだと思ってました。(Bさん)

**藤**田さんの昔話の中に『寒の火の番土用の水汲み』(「女の底力」)藤田浩子編集(一声社)という話がありますよね。苦労したほうがいいという話でした。( Aさん)

**お**二人の話を聞いていると親にさせられているというのが嫌だったようですが、昔は子供もお手伝いをしなければ家族が生活できないという状況だったので、やらされているという感じはありませんでした。

以前、保育者の方で家族の誰かが働いている横で平気でテレビを見ているような人に育てたくない、だから私が働いているときは何か手伝いをするようにさせているという方がいました。そういうことが大事だと思います。お二人のお母さんが、お二人の働きを認めて、ほめたり、声をかけてあげていれば気持ちが少しは変わっていたかもしれませんね。

**私**の実家は家事を全員でするという家だったのですが、夫は家庭を休憩所と決めていて、家にいるときはずーっとベッドでテレビを見ています。はじめはそのことに文句を言っていたのですが、さらにその上の文句を返してくる人なので、今はあきらめました。そんな中で育つ子どもたちはどう育つのでしょう? 反面教師に育ってくれないかしら? (Dさん)

**男の**人は赤ちゃんを24時間みなくてはいけないということがどれ程大変なのかわからないのよね。寝てる時間があるといっても、完全な休みではないし、24時間拘束されているということがわからない。

いわゆる主婦の仕事をお金に換算すると一月あたり50万円以上の仕事になります。4人お子さんがいる方は毎月200万円以上の仕事をしているのです。だから外で稼いでいる夫には表面ではありがとうと言いながら、心の中では、私はそれ以上の仕事をしているのよと思って、女優しましょうよ（笑）。

**う**ちの2番めの娘が「何でお父さんは（家の片付け）やらないの？」と言ってきたことがあって、私もうまく答えられず、夫自身も「お父さんはいいんだ」と言いながらも苦笑い。あとで私に示しがつかないよねと言って気にはしたみたいですが、その後片づけするようになった訳でもなく……。（Eさん）

**男の**人はつっかえ棒がないと立っていられないからね。一人では立てないのよ。（笑）それに女性に比べて子どもを産むということもないから家事をやらざるをえない状況を経験しにくい。そういう意味では強い人間に育てないと他人を思いやれる優しい人にならないと思います。

そうね、大人と子どもは分けていいと思います。

結論らしい結論は出ませんでしたが、男だから、女だからではなく、まずは個々を見てどう育てたらいいのか、どう育てたいのかを考えてみて下さい。

そして、子どもにも夫にも、どうしても伝えたいことがあるときは心に届く言い方を工夫してみて下さい。

ただ、なじったり、ぶったりしても伝わりません。向こうも受け入れようと思っているときじゃないと受け入れてくれません。

それには、いつも言ってますが、3つほめて1つ言いたいことを言うという訓練を日頃から心がけてみてはどうでしょうか。

## 子ども叱り方、注意の仕方

1歳8か月の息子にどう「ダメ」を言うか迷ってます。最近、たくさんの育児情報があり過ぎて、何がいい「ダメ」か、どれくらいの加減で「ダメ」なのか迷いっぱなしです。（Aさん）

コンセントを触るなど危ないことや命にかかわることば"ダメ"と言っているのですが"3歳までは怒らない"などの育児情報を耳にすると迷いが。普段、食事のときに子どもが食べこぼした物はテーブルの上や、膝の上に落ちたくらいは、もったいないから食べなさいと言っています。先日、夫が早く帰ってきていっしょに食事をしていたら、まだ息子はテーブルや膝と床に落ちた物の区別がつかないのだから全部、食べないようにしつけなければいけないと言われました。え〜、そうなの？意見が違うと思ったのですがダンナの父性というものを大事にしてあげたほうがいいのかなと思い、その場はそうしたんですが。（Aさん）

皆さん、あるあると聞いてますね〜（笑）。通ってきた道よね。

私も今、自分の中でもやもやとしてまして、ここで話すことでスッキリしたいなぁと思って。先日、次女（2歳10か月）が忙しいときに限って、しまい忘れたボールペンで壁にいたずら書きをしたんです。つい頭ごなしに怒ってしまって、こんな（感情的な）怒り方しても伝わらないと反省しつつも、本当に悪いことをしたんだから、こういう怒り方もありだよね、と自分を肯定する気持ちもあり、もやもやしてます。（Bさん）

私が叱っても効力がなくて、お父ちゃんが叱ると子どもたち（男女の双子3歳）もしゅんとします。でも私が言っても平気な顔なんです。今朝も台所のカウンターに登ろうとするので「危ないよ」と言っても全然きかなくて、案の上、落ちて泣いたんです。「だから、言った

じゃん」と。コレ、私の口ぐせになってしまいました。最近では子どもも使うようになってしまって。どうして、私の気持ちが伝わらないのだろうと、すごくイライラしているんですが、そのイライラも伝わらないんです。この爆発しそうなくらいのイライラ、困ってます。(Cさん)

私は兄弟での受け取り方の違いに戸惑ってます。長男（年中）は、私がこうこうこうだからお母さんは怒っているんだよ、と言うと伝わったし言うことを聞いてくれました。ところが次男（1歳9か月）は聞き流してる感じで、いい悪いもわかっているようなんだけど言うことをききません。叱ると物を投げてきたり、叩いたりしてお返ししてきます。毎回、ダメなんだよ、と言っているんですが……。なめられているのかなぁ？(Dさん)

娘（2歳4か月）が最近、私のかばんの中に絆創膏があるのを知って、ときどき取り出して、自分やぬいぐるみに貼ったりして遊ぶようになりました。2、3枚ならいいかと思っていたら、私の母がそれを見て「絆創膏だって、ただではないよ。小さいうちから無駄遣いしないようにしつけないと」と言われました。また私が台所で家事をしているときに、娘が水道の水をちょろちょろ出して遊んでいるのも「水だってただじゃない」と同じように言われてしまいました。私としては、娘にいろいろと押し付けたくなかったので、これ位ならと思ってやらせていたのですが……。うちの母は節約する人なので。(Gさん)

うちも長男（年中）は言えばきいてくれるのに、下の娘（1歳10か月）は、自分が悪いことを

して、こちらが叱ってもあやまれません。（叱られたことに）腹を立てて突っ伏して泣くばかり。同じような場面で、娘さんが泣いていると「おかあちゃんは、泣き終わったら話を聞いてあげるよ」と言って上手にあしらっていたSさん。私の手本だったんですが、今、卒会されてしまって、身近に手本が見られなくなったらできなくなってしまいました。（Hさん）

**よ** そのお母さんのいい手本が見られるのはいいよね。ぜひとり入れたい。（保育者Bさん）

**「ダ**メ」を言わないと、子どもは良いか悪いかがわかりません。その「ダメ」の言い方を怒鳴るように言うか、静かに言うかは置いといて、まず大事なのは、今日は「ダメ」だけど明日は「いい」と、その日によって違うのは混乱します。「ダメ」なものはずーっと「ダメ」であることが大事です。Aさんのように、ダンナさんと違ったときはちょっと難しいよね。ダンナさんは普段、子どもを見てないでしょう？　1歳の子でも、テーブルや膝の上の食べ物はよくて、床に落ちたものは「ダメ」なことはわかっていると思うのよね。

子どもをどうするかより、ダンナさんへの説得のほうが解決の道だね。どう言うかは難しいけど。子どもに「めっ」（「ダメ」）を言うことは生まれたときから大事です。しつけと利息はためるほど大変になります。しつけをやり直すにはしつけてきた年数の倍かかるかな。それと、「めっ」を何回言えばいいかは保育者Bさんの体験談がいい例だから話していただける？

ちの息子が5歳の頃の話で、うちでは自由におやつを食べさせてなかったんだけど、夫の実家に夏休みで何泊かしたときに、そこに住んでいる同じ年のいとこ（いわゆる内孫）は、おばあちゃんにねだればいつでも甘い物を食べられる状態だったの。夜、歯をみがいた後でもねだってアイスやらヨーグルトをよく食べていて、でもうちの息子はそれを見ても「ぼくはいらない」と言って食べなかったんだよね。さすが、わが息子！　私、上手にしつけていると喜んでいたら……。自宅に帰ってきたとたん毎晩のように「アイス！　アイス！」とひっくり返ってねだるようになって、見てきて学習しちゃったんだよね。ここは母として負けてはいけないと「ダメ」な物はダメと根競べ。これが1か月続いて、つきものが落ちたようにパタッと言わなくなりました。藤田さんに「うちの子、何回言ってもわからないんです。何回言えばいいんですか？」と聞いたら「30回が目安。30回くり返せばわかるよ」と話してくれたんだけど、身をもってそれを体験した出来事です。（保育者Bさん）

　うちの親はこういうことは「ダメ」なんだと筋を通していくことが大事だと思います。どう怒るかではなく何を怒るかです。英語で言えばWhat「ダメッッ！」と強く言うか、優しく「めっ」と言うかの、Howよりも、"何を叱るか"Whatです。先ほど話してくれた、水はもったいないから遊びに使わせないというのはお母さんの生き方で、少しくらいなら水で遊ばせていいんじゃないかというのがEさんの生き方よね。私は子どもが幼い頃はテレビを見せないほうがいいと皆さんに言ってますが、うまくテレビを利用したいという人がいてもいいと思います。

子どもはね、親の生き方がきちっとしてないと迷うのよね。それと、Cさんが「だから言ったでしょ」が口ぐせになっているとおっしゃってたけど、お母さんたち皆、この言葉を勝ち誇ったように使うでしょ。自分の伝え方が下手だったから、子どもが言うことをきかなかったんだと反省しないとね。

なぜこんなに兄弟で受け取り方が違うのか考えてみたんです。私は次男の言うことをよく聞いてあげてなかった。私の優先順位は、まず自分の用事、次に長男の用事。次男はそれに振り回されるだけ。長男が話すときは「そうそうなの、それで？ そうなんだぁ」とよく聞いてあげていました。ところが次男に関しては、その子のために時間をとってあげたことがなかったなぁと、だから次男がああいう乱暴な態度をとるんですかね？（Dさん）

子どもがギャーギャーと暴れるのは、たいてい「聞いてよ、聞いてよ」か「見て、見て」の表れですね。そういえば、私も子育てしているときに次女に「夕飯に何食べたい？ と聞いたら、「何でもいい」と答えたので、「きちんと自分の意見を言いなさい」と娘を怒ったら、「だって母さんは私がカレーと言っても、結局お兄ちゃんに聞いてそっちにするでしょ。私の言うこと聞いてくれたことないでしょ」と言われて、反省してあやまりました。

**食**べ物をこぼしたらの話だけど、うちではすぐ拾ったら大丈夫ということにしていたら、よその家に行ってご馳走になったときもそれをして、潔癖なお母さんに「汚ないよ」と言われてしまった……。（保育者Bさん）

**考**えてみたら、私は和式の家で育ったのですが、夫の実家は洋式。そういう育ちの違いかもしれません。家でのルールといえば、今、ティッシュを出すのが面白いみたいで、もちろんずっと出されるのは困るので10枚まではOK、というルールにしてます。（Cさん）

**何か**をやめさせるときは、ティッシュなら「あと1枚ね」とか、すべり台なら「あと3回すべったらおしまいね」と急にやめさせるのではなく、予告しておくと子どももこじれることなく終わることができます。

**1**人目のときは迷ってばかりいて、子どもは怒っちゃいけないんだとか、「ダメ」を言わないようにとか、してたんですね。そのせいか1人目は無駄遣いが多い。さすがに3番めになると「ダメ」なものはダメを通すことができるようになって、「それはやめておこうね」と言うだけで、すっとやめてくれます。（Fさん）

**はじ**めての子育ては迷うよね。

**保**育者Bさんの息子さんが30回でやめることができたの

は、その前までは許してなかったから30回で済んだというのもありますよね。しつけのやり直しは倍かかる…ということは8歳だと16年！（Hさん）

水の話ですが、よその子が公園の水道でジャージャーと出して遊んでいるときがあるんですが、自分の子もそうやって遊びたがっているのもわかるし、またその子のママもいたりして、でももったいないし。（Fさん）

うちの息子（1歳8か月）は車のシートベルトを嫌がって、すぐ抜け出します。命にかかわることなので、車に乗るとずーっと注意しっぱなしです。シートベルトをしないと出発できないので、最近ではやっちゃいけないとわかっているのですが「シートベルトしたらジュースあげるよ」と物でつる作戦に……。（Iさん）

うちの子は、「車に乗るときは皆んな締めるんだよ」と当たり前のことのように言ったら、締めるようになったけど。（Gさん）

うちの娘もヤダヤダ病にかかるときがあるんですが、サークルで友だちになったK君が大好きで、ズボンをはきたくないとごねたときは「K君ははいてるよ」と言うと、さっとはいてくれます。コレは使えます。友だち様々です（笑）（Bさん）

## 「何を（what）どう（how）叱るか」は、親の生きる姿勢です

　赤ちゃんは生まれた直後から「こうすればこうなる」ということを学んでいます。

　泣けば（こうすれば）お母さんが来てくれる（こうなる）。そしてそれがわかると、次はお母さんを呼びたい（こうしたい）から泣く（こうする）ようになります。「こうしたいからこうする」という目的をもった「泣き」になるのです。そして自分が「こうしてほしい」と思って行動する（泣く）と、お母さんはそれに応えて目的を達成して（来て）くれる、その繰り返しから、母親を信頼し、ひいては人間を信頼していくのです（ときには泣いても来てくれないこともあるという現実を知るのも大切ですけどね）。

　あちこち体を動かしているうちに偶然寝返りが打てた、最初は偶然でも、そうか「こうすればこうなる」のかとわかってくると、次には「こうしたいからこうしよう」と自分の体を自分の意志で動かしてみるのです。はいはいをしながら、たっちをしながら、あんよをしながら、そうかここの筋肉をこう動かすと立てるのかと赤ちゃんは学んでいます。右足と左足を交互に前に出すと（こうすれば）お母さんの方に行かれる（こうなる）、そうわかると次からはお母さんの所に行きたい（こうしたい）という目的をもって、足を交互に出す（こうする）という行動をするのです。

そのとき周りの大人が「♪ここまでおいで」とか「♪あんよは上手、ころぶはおへた」などと言いながら励ましてくれたら、自分の喜びと周りの大人の喜びがいっしょだとわかり、そこでまた信頼関係が深まるでしょう。自分の意志で目的に向かった行動ができるようになる、そしてその喜びが周囲の喜びでもあると知って、自分と大人の価値観が一致していることを確認し安心するのです。

赤ちゃんのときにこの「こうすればこうなる」「こうしたいからこうする」の訓練がきちんとできていると、2歳3歳になって、体だけではなく、感情も含めて「こうしたいからこうする」ということができるようになります。言葉を覚えてくれば、「こうしたい」ときには「どういう言葉を」使って相手に伝えればいいのかわかってきます。これが「人とのかかわりを学ぶ」ということです。

## "しつけ"ってなに？

娘が2歳11か月になり、自己主張が出てきました。娘を怒ることが多くなり、娘も負けじと「大きな声ださないで」と返してきます。しつけって、注意すること？ それとも何？（Aさん）

日中娘を怒ることが多くなってきて、毎晩娘が寝た後に、あのときは見守るべきだったのでは……、叱っちゃってごめんねと寝顔に向かってあやまってます。でも朝になると、また怒ってしまって。そんな私に娘も素知らぬ顔をしたり、歯向かってくるようになって……。ある育児書に「言葉で脅かすのは虐待だ」と書いてあって、私は言葉の虐待をしているのかと。どうしたら冷静に諭すことができるのでしょうか？ たかが2、3歳の子に私は何を求めて、こんなに怒っているんだろう？ 社会的ルールを守らせる必要はあるけど、果たしてどうやって身につけさせるのか？（Aさん）

まずね、「何を"しつけ"るのか」と「どう"しつけ"るのか」を分けて考えてみましょう。どうもごちゃごちゃしているようだから（笑）。

"しつけ"という言葉の定義ですが着物は型くずれしないようにしつけ糸でしつけておきます。また田植をするとき、苗の列が曲がらないように縄をはりながら植えますが、これをしつけると言います。どちらも型にはめるためにします。"しつけ"とは型にはめることです。問題はどういう型にはめるか、どうやって型にはめるかですね。

私は息子（1歳10か月）を生まれたときからしつけています。たとえば赤ちゃんのときもお腹がすいたら教えてねと言ってました。少し大きくなって言葉がまだわからない時期も、電車に乗る機会があったら、電車の中では大きな声を出さないでね、とお願いしています。こんなふうに一般的な社会的なルールの最低限の"枠"をお願いす

る形で言ってきました。だから息子がそのルールと違ったことしたときはしゃがんで目を合わせて、どうしてそういうことをするのかと聞いてから、改めてしてはいけないよねと話してます。あまりひどいことをしたら尻を叩いています。これは夫ではなく、まだ子どもが幼いときは、私がすることにしてます。父親は威厳のある存在であってほしいので、小学校の高学年以上になってから、思い切りやってほしいですね。(Bさん)

1、2歳の子に何を叱るのか、一応、こうこうこうだから叱っているんだよと伝えるけど、ぽや〜んとわかってないような顔してて、でも、すぐ上の兄(年少)を三男(1歳4か月)がかみついたりすることがよくあって、そういうときに私がじーっとにらみつけると、すーっとやめて身を引くので、言葉が通じるまでは親のにらみがきくなと思いました。(Cさん)

**悪**いこととわかって、いたずらすることがあるんだけど、そういうときは、ごまかそうとしたり、自分で頭を叩いて悪いことしちゃったーという態度をするので、「悪いことだと、ちゃんとわかってるよね。でもわかっていてもやったのはあなただよね」と怒ってます。(Bさん)

**私な**りの基準なのですが、その子の将来のために言うときは"叱る"という言葉。カーッとなって自分のストレス発散のために言うときは"怒る"という言葉を使うようにわけています。

叱っているんだけど、相手の反応がわかってないような、反省してないような、自分の意に沿わない態度をされてると怒ってしまう（笑）。（保育者Bさん）

この子はわかっているとか、ごまかしているとか、見極める目はどう養えばいいんでしょう？（Cさん）

"しつけ"は０歳からだと思っています。まだ小さいからわからない（悪いことをしても）、しょうがないと思っていると、まだ５歳だから、まだ小学生だからと先延ばしになって、そのうち、まだ20歳だからしょうがないになってしまいます（笑）。小学校に上がるまで小さいからと子どもに何もさせてこなかったのに、小学生になったとたん、「学校の用意は自分でしなさい」とガミガミ怒る親がいるけど、今までやらせてこなかったんでしょう！と言いたい。

うちは、これが"しつけ"だと意識してやってきたことがないですね〜。しいていえば食事のときに足を立てるなーとか。（Eさん）

お店にいったときなど奇声をあげちゃだめとか、いろいろうるさく言ってしまうのですが、それは私が体面を気にしているのか、本人のためを思ってなのか、わからないようになる。（Aさん）

子どもが小さい頃や雨の日とかに広いお店に行くと、子どもが走り回ってしまうことがあったん

だけど、外は雨だからちょっとくらい発散するために小さい子が走り回ってもいいじゃないと勝手に思ってほっといたら、夫に「なぜ止めない」と私が叱られた（笑）。

　今は子どもが小さくても「お店では走り回らないこと」を教えるべきと思うんだけど、そのときは小さい子のすることだからいいじゃないと思ってたんだよね〜ダメ母でした（笑）。（保育者Aさん）

**私**は体面を考えて口先では「だめよ〜」と言うけど、心の中では、お客さんが少ないときとか状況を見て、ちょっとくらい走り回ってもいいかなと思ってる。（Cさん）

**う**ちの娘は傍から見て、いい子に育っていると思います。でもそれは私が口（くち）うるさく言うことで、子どもらしさを失わせてしまったのではとときどき考えてしまって、外でいい子にしている娘を見ると、胸が痛くなることがあります。（Aさん）

**外**面がいいのはいいんじゃないの？　家ではお母さんに歯向かうことがあるんでしょ？（Cさん）

**歯**向かうのは私が怒るから……（Aさん）

親はいろいろ言いたくなってしまうけど待ってあげたり聞いてあげたりしたほうが教育効果が高いと思います。

**世の**中でしてはいけないことを叱るのは悪いことではないです。まあ、大きな声で怒鳴る必要はないけどね。親がこういう顔をしたときは、してはいけないことなんだと子どもはわかるからね。それと、ここでは騒いではいけないけど、ここなら思い切り騒いでいいよという場をたくさん作ってあげることも大事です。

**私**はダメと怒る前にここでは騒がないでねとお願いしてます。今のお店は子どもの遊ぶ広場があるとこが多いので、ここでは騒いでいいよと連れていきます。（Bさん）

**母**が60歳の還暦のときに私に謝罪の手紙をよこしました。その手紙は、私を育てるときに型にはめようと口うるさく言って育ててし

まったことを謝る手紙でした。確かに私は子どもの頃、ヒステリックに怒る母が怖かったし、いつも母の顔色を見て行動していました。でも、母に対して恨みもないし、今も関係は良好です。ただその手紙を読んで、自分の子には母のような子育てをしないようにと思っていたのですが……気づけば母と同じように娘を怒っている自分がいて……。（Aさん）

**上**の娘が5歳ですが、夫が心配性で子育てに対していろいろ言ってくるので、私もストレスがたまって、下の娘がお腹にいたころ（上の娘が2歳半のころ）、細かいことまですごーく怒って言ってました。そうしたら今、娘が自分が何か失敗すると「お母さんが、〇〇してくれなかったから、私、失敗しちゃったじゃないっ」と逆切れするようになってしまって……、自立できるよう

一時期、麦茶をブブブと吐き出すことが2人の中で流行ってしまって1人がやると、すぐもう1人がまねするんです。こぼしたのを拭く手間だけでなく、服も汚れて洗濯物が増えるというのがもう嫌で。子どもが赤ちゃんのときは育児書しか頼るものがなかったけど、育児書にいたずらは好きなだけやらせましょうとあって、そんなことできるかって思いました。夫にも（オマエは）怒っている時間が長いって言われます。あっ、叱ると怒るがごちゃまぜですね。私が怒ると息子は泣き、娘は目をそらせます。息子には、泣いても解決しないよと言ってます。まあ、100回怒れば、やめるかなぁ……とそういう毎日です。（Gさん）

私がお世話になったファミリーサポートの人は、ごく当たり前のように叱っていました。（Hさん）

に育ててないと反省です。最近は、ある講演会で、お母さんはニコニコカードをたくさん持ってください、と聞いて、自分でもニコニコカードが増えて、子どもに切れることが少なくなってきました。（Fさん）

こでこういう風に話して発散できたり、下の娘が保育を楽しんでいるのがわかって気持ちの余裕ができたせいかなー。（保育者Aさん）

幼稚園では、こんな話し合いをお母さん同士ではしないの？

幼稚園ママ同士では、ここまで掘り下げて話したりはしないですね〜。（Bさん）

**私**もファミリーサポートの人にいろいろ聞いてもらったり教えてもらったりしました。（Jさん）

**そ**のファミリーサポートの方がいい人でよかったね。適切にアドバイスしてくれるし、いい話し相手にもなって。（Cさん）

**迷**いがないのがいいのかも。当たり前のように悪いことは悪いとその場でぱっと怒るところとか。子どもが小さいから言っても無駄かもとか、こういう言い方をしたら子どものトラウマになってしまうかも、といつも逡巡（しゅんじゅん）してしまうほうがこじれやすいかなー。（保育者Aさん）

**私**はその場では言えなくて、夜になって思い出すと娘（1歳11か月）のしたことに対しての怒りがふつふつと、ボルテージがだんだんあがってくるタイプなので、ピークに達すると大爆発してしまうんです。（Hさん）

**怒り**始めると、あのときもこうだった、このときもこうだったと昔のことをむし返して怒ってしまいがちだけど、子どもなんて昔のことは覚えてないから効果ないんだよね。

**悪**いことは悪いと瞬発力で叱った方がいいかも。（Cさん）

**子育**て中は余裕がなくて当たり前。まして一人目は余裕がないのでは。一人目は時間があるからと言われてしまうけど。

**時**間があるのと余裕があるのとは別だよね。うちは夫が子育てにとても協力的なので、気持ちに余裕があるかも。(保育者Aさん)

**皆**さんの話を聞いて、なんだか初心にかえって頑張ろうと思いました。解決はしてませんが(笑)。落としどころは、子どもに愛しているよって、伝えていけばいいのかと。(保育者Bさん)

**型**や枠をどうするかというのは、あなたの自分の生き方をどうするかです。自分でやるしかないです。叱ると子どもの個性や、らしさを奪い取っているのではないかという話がありましたが、保育者Bさんの息子さんが通っていた幼稚園の先生が「つぶしてもつぶしても出てくるのが個性」とおっしゃったそうですね、私もそう思います。そのなかでも輝いて出てくるのがその子の個性です。子どもをつぶしてしまうのではとびくびくすることはありません。

あとたとえば壁に落書きしてはいけませんばかりではなく、ここならいいよと壁に紙を貼って落書きできるスペースを作ってあげる工夫も大事です。そういう、子どもが思い切り遊べる時間と場をたくさん用意してあげるのも親の務めと思います。

「子どもを伸び伸び育てたいなら親はのんびりしてられない」

## 子どもの自己主張 どう対応したらいい？

2歳の娘は自分の好きな靴を履きたがり「じぶんで！」と私の手助けを拒否します。そのくせ、うまく履けなくて泣く。これって自己主張？ それともわがまま？（Aさん）

# 第3

者からみるとわがままなことも、親からみると自己主張に思え、下手にダメとばかり否定したらこの子の個性をつぶしてしまうのではないか、育ちに悪影響を与えてしまうのではないかと思い悩む方もいらっしゃるでしょう。

つぶしてもつぶしても出てくるのが個性です。どうしても主張したいことは、つぶしても出てくるでしょう。私は子どもが幼いほど、良いことはいい、悪いことは悪いという親の考え方を伝えていくことが大事だと考えています。もし、そのことに子どもが自分の考えは違うと思ったら、子どもが育って大きくなったときにしっかり反抗してくるでしょう。

今日はいいといったことなのに、明日は悪いというようなものではなく、いつもいいことはいいということが大切だと思います。

1歳半から3歳近くまでの時期というのは自分というものがわかってくる時期なのです。はいはいをしている赤ちゃんの時期はまだ床だけ、虫のような目でしか周りが見えません。ところが立ち上がることができるようになると視野がぐっと広がり、他人も目に入るようになってきます。鳥の目になるのです。他人を意識するようになると"ボクはボク"とわかってくるようになります。あの子とボクはここが違うということがわかってくると自己主張が出てくるのです。あの子はこうする、だけどボクはこうしたいというように自分のやりたいことがわかってくるのです。

この時期はあれは何だろうこれは何だろうといろいろと試す、探索活動の時期ともいわれてます。しかし、この時期は頭ではそう思っても、感情をコントロールすることや（探索活動をする）技術が未発達なためとてもアンバランスになります。"自分で！"といってやりたがるくせに失敗して大泣きするなんて光景、よく

見ますよね（笑）。

　親の良い悪いをしっかり伝えること、この時期の子どもはアンバランスだから多少大目に見ることです。

**私**は、おやつはお芋とか果物とかそういうものをあげたいんです。スナック菓子はいっさいあげたくないと思っているし、夕食前にはおやつをあげたくないんですね。息子（4歳1か月）はそれができるのですが、下の娘（2歳2か月）はそっくり反ってだだをこねるんです。家にはもらいもののお菓子や夫が買ってきたものがあるのでそれがあるのをわかっているから、ものすごく泣いて…。そうすると夫が「そんなに厳しくすると素直じゃなくなる」といってあげてしまうんですね。困っています。（Aさん）

**私**もスナック菓子などのジャンクフードを与えたくなくて、おにぎりや芋などをあげていたのですが、最近、小学生のお姉ちゃん二人が、隠れて食べるようになってしまって……。（Bさん）

**で**も、そういうお菓子はよくないと思っているから隠れて食べるんでしょ。そういう意味ではお母さんの価値観がしっかり伝わっているということの表れだよね。（保育者Aさん）

**隠れ**て食べたら、またそのとき、親は悩めばいいのよ。悩むのが親の仕事！

　子どもが自分で意思表示できるのなら、「今、お菓子を食べたらご飯抜きね。ご飯が食べたいならお菓子は食べない。さあ、どっちにす

る?」と本人に選ばせてみたらどうですか？ 自分が選んだことなら本人も納得するでしょう。

　今朝、うちの娘（3歳1か月）がコンセントを自分でさそうとして、すぐに「危ないでしょ！」と怒鳴ったんです。娘がやめたので、その場から一回去ったのですが、「待てよ」と思って戻りました。もう一回じっくり「もうコンセントをさすのができるかもしれないけど、この中にはビリビリするものがあって、指が入ると痛いし危ないの。まだ小さい指だと入ってしまうかもしれないからやっちゃだめだよ」とわかるように説明しました。そうしたら娘の顔が"わかった"という顔になったのです。以前の私は怒鳴って終わっていました。"わかった"という顔を見るまでが親の仕事なんだと今回のことで思いました。（Cさん）

　自分がこの子にこうしたことで、または言ったことでこの子は何を学ぶのだろうといつも考えてみて下さい。今日はいい洋服を着ているから泥遊びをしてもらいたくないのに、ただギャーギャーと「ダメでしょ」とわめきたてても子どもは、またお母さんがギャーギャーいっているくらいにしか思ってないかもしれません。
　「今日は、いい洋服を着ているからやめておこうね」と静かに伝えれば　"いい服を着ているときは泥遊びはいけないんだ"と学習してやめるでしょう。

　小4になるお姉ちゃんなんですが、つい最近まで相変わらず宿題をすぐにやらないものだから夜の9時ぐらいにやっていたんです。そのことで私も毎晩のようにギャーギャーいってたんですが直りません

でした。

　おとといもそんな状態で、夜遅くなって時間がなくなって時間割もそろえず寝てしまったんです。そうしたら朝、余裕がなくてプールカードを忘れて学校に行ってしまって、プールカードがないと学校ではプールにいれてもらえません。そこでいい機会だと思って、娘が帰ってきたときに、座らせて静かに話しました。

　「今日、プールカード忘れたからプールに入れなかったよね。どうしてそうなったと思う？　朝、余裕なかったからだよね。今すぐ宿題しよう、ママもここにいるから」。その日は下の弟たちもお昼寝したり、遊びにいったりしていたので、二人きりで静かな時間を過ごすことが久しぶりにできました。最初はしぶしぶ宿題をはじめた娘ですが、わからないところをいっしょに考えたり、教えたりしてたら乗ってきて「すごい！　やればできるじゃん」とほめたら、とても嬉しそうな顔になって。その日は勢いで時間割もそろえました。翌日は言われなくてもやっていました。まだ2回なのでこれからどうなるかわからないんですが（笑）。娘とじっくり向き合ってなかったかもと反省しました。続けばいいなと思ってます。（Dさん）

**まあ**でも、娘さんがああやるとこうなったという経験を一度でもしたことはよかったと思います。皆さんの話をきいて気になったのですが、家に食べさせたくないお菓子があっても、これは子どもが食べるものではない。でも大人はいいとかあります。

　私のところは、食卓に夫だけのおかずというものをいつも用意していました。"これはお父さんの"と言っていたので子どもたちも当たり前のように受けとっていました。

息子が初めて夫のお裾分けで刺身を食べたのは小学2年生のときです。「こんなうまいものが世の中にあるんだ〜」と感動していました（笑）。大人はケータイを持ってもいいけど、子どもはダメ。大人はこのテレビを観てもいいけど子どもダメとか、大人と子どもは別なんだといってもいいと思います。

　**小**学生の娘は、大人がお酒を飲んでいると、「それって、子どもにとってのジュースだよね。だったら自分も食事のときにジュース飲んでもいいよね」と言ってきました。（笑）「大人はいいの！」と言って終わったけど。（保育者Aさん）

　**うち**はテレビのチャンネル権も子どもに全くありませんでした。夫が「俺の給料で買ったから、俺のものだ」と。だから息子は大人になったら自分専用の立派なテレビを買うのだと張り切っていましたが、いざ大人になって買ったら仕事が忙しくて観る暇がないようです（笑）。

　大人と子どもは違っていいのです。子どもなんて食わせてもらっている存在なんですから、必要以上にもち上げなくていいの。でも、子育ての大事なポイントは何でもほどほどにです。厳しすぎても、ゆるすぎてもいけない。

　びゅんびゅんゴマを回し続けるにはきつく引いたら、ゆるめて、ゆるめすぎて回らなくなってきたら、またきつく引いてと、ほどよくどちらもしないといけないでしょ。子育ても同じ。枠組みはなるべく大きい枠をもって余裕がないとね。一つのことばかり見すぎで「キィ〜」とヒステリックにならないように、鳥のような目で考えられるといいと思います。

**そ**のしつけが厳しいかどうかって相対的なものですよね。韓国では、スーパーに行ったときにレジをする前に子どもが店のお菓子を食べたがったら、その場で食べさせるそうです。日本ではびっくりするようなことでも、韓国の人に言わせると日本人は厳しすぎると。自分の家なら当たり前のルールでも、よその家によっては厳しいルールかもしれませんよね。（Eさん）

**母親**、父親、おばあちゃんとか相手によって子もにしつけるルールが違ってくることもあるでしょう。日常の信頼関係でできあがってくるものです。

**こ**ういうことはして欲しくないと思ったときに「こうこうこうだから、お母さんはして欲しくないの。わかった？」といったあとに、確認のために何がわかったのかを子どもに言わせてみると、ぜんぜんわかってなかったりすることがある。むずかしい……。これって信頼関係ができてない？（保育者Bさん）

**子ど**もの気持ちをわかるにはいっしょに絵本を読むといいわよ。いっしょに読むと、こんな場面に子どもはこう反応するんだと知ることができます。ぜひ、子どものことがわからないと思ったらいっしょに絵本を読んでみて。

**私**は20歳のときに父親が急逝してしまい、これからいろんな話や気持ちを伝えたいと思っていたのに言えなかったことをとても後悔しました。そういうこともあって、いつ私も、子どもも、死ぬかわから

ないと思って、後悔しないよう「ありがとう」とか「大好きだよ」とか、悪いことをしたら「ごめんね」と思ったら、すぐ口に出して伝えるようにしています。自分もそうですが、子どもも自分の気持ちがすっと言える子になってほしいと思い心がけています。(Fさん)

私でしたから。
　まあでも、皆さんは皆さんなりに考えて、これが子どもにとっていちばんいいらしいと思えることをやっていけばいいと思います。ほどほどにね。

**すて**きですね。親ってなかなか子どもに"ありがとう"とか"ごめんね"とか言わないでしょう。
　私の知っている障がいを持っているお子さんのお母さんが「この子はいつ死ぬかわからないから、今日をとても大事にしたいし、楽しく過ごせるように心がけている」というのを聞いて、私はガ〜ンとショックを受けました。
　子どもが死ぬなんて考えたこともなかったし、いつも怒ってばかりの

## なんども叱られて、褒められて、学習していくのです

　体が自由に動かせるようになると、いろいろ「いたずら」を始めますね。ティッシュを引っ張ると次々と出てくる、紐を引っ張ると電気が点く、ごみばこを倒すとごみが散らかる----。大人にとっては「いたずら」ですけれど、本人にとっては「こうするとこうなる」の学習をしているのです。そしてこの時期には「こうすると叱られる」「こうすると喜ばれる」ということも加わって、何度も何度も「いたずら」を繰り返しながら、何度も何度も「叱られ」、何度も何度も「喜ばれ」、自分の「こうしたい」と周囲の「こうさせたい」のどこが同じで、どこが違うか学んでいるのです。

　赤ちゃん(子ども)が「こうしたい」から「こうする」を学んでいるときに、いちばん混乱するのは親の「こうさせたい」がはっきりしないときです。「もう歩けるんだから歩きなさい」と言いながらだっこしたり、「ごはん前はだめ」と言いながらちょっとだけよとお菓子を与えたり、「ちゃんと座って食べなさい」と言いながら遊び歩いている子の口にごはんを入れてやったりすると混乱します。

　もう少し大きくなった子には「今度だけだからね！」と言いながら何度も忘れ物を届けたり、「自分で起きなさい！」と言いながら毎朝起こしたり、「だから持っていけって言ったでしょ！」と言いながら傘を持って迎えに行ったりします。どうせなら「届けたいのよ」「起こしてあげたいのよ」「こうやってると幸せなのよ」と言えばまだ混乱しないでしょうけどね。

　挨拶しないうちは家に入れないようにしている、4時過ぎたらお菓子はあげないことにしている、そう決めたらそれを守ればいい、それだけです。挨拶も遊び心でやり直しさせるなんて楽しそうですね。大声で怒るのではなく「4時すぎたからね」と言って納得させる、それも立派です。親のその凛とした姿勢が（顔は笑っていてもふざけていても姿勢がシャキッとしていれば子どもに伝わります）子どもに「こうするとこうなる」を教えているのです。そして子どもも「こうしたいときはこうすれば親も賛同してくれる」ということがわかってきます。親が混乱していると、子どもは落ち着きません。どうしていいかわからないから泣いてみたり、すねてみたり、わめいてみたり、おこってみたり、いつもいらいらするのではないでしょうか。

## 子離れは いつすればいいの？

何をもって子離れというのでしょう？ トイレや着替えがひとりでできるようになったら？（Aさん）

**最初**は、ひとりで着がえられる、ひとりでご飯が食べられるなどです。そういうことができるようになる目安の年齢は保育園では3歳前後としています。

第2段階は親がいなくても自分のことを自分で決められるようになったときです。これは年齢がバラバラですね。小学生でできるようになる子もいれば40歳過ぎてもできない子（？）もいます。

そして第3段階は、どちらか（親と子）が死んだときです。まあ、親子というのは最後まで、どこかでつながっているもので完全に離れるということはないと思います。

さて、先輩母として私の例ですが、子どもが高校までは相談をしてくれば話にのるし、授業料や生活費一切みていましたが、18歳を過ぎたら家を出ていけと追い出しました。大学の授業料は貸すけど、生活費は自分でどうにかしなさいと……で、3人ともどうにかこうにか、いろいろとありましたがそうすることができました。

**私**は小学4年の娘と年長の息子がいますが、私が「子離れしたくない！」とくに下の子は今から小学校に上がるのがいやなの。もう世間体なんてなんのそのって、ものすごいマザコンにして、ずっと側においきたい！（Bさん）

**子ど**もが親から離れたいのに、親が離さないのよね（笑）。でもBさんがこういうことを言ってくれると、ほかの人も言いやすいよねー。私のような立派な話の後では言いにくいものねえ（笑）。

私ほんとに今、いつ手が離れるのだろうって、聞きたいことの一つだったんです。いつ楽になるのかしらって……。この間も上の子のごっこ遊びに1日中つき合わされて、もう、とっても苦痛で、娘はずっとしゃべり続けるし、しまいには声を聞きたくないと思ってしまいました。本当にいつ手がかからなくなるのでしょう？　（Aさん）

3歳の娘さんと7か月の娘さんでしょ。いちばん、大変なときだもんね〜。Aさんは手が離れたらいっしょに旅に行きたいらしいけど娘なんか大きくなったら、友だちと行ったほうが楽しい！　と母親となんて行ってくれないわよ。せいぜい40歳過ぎた頃に、お母さんのために行ってやるか〜という感じではない？　自分もそうだったでしょ？

あっ、私そうでした。（Aさん）

私も娘（年長）と買い物するのを今から楽しみにしているのに、娘は買い物大きらいなんです。もう、がっかりです。（Bさん）

まだまだ、これからだよ〜。子どもといっしょになんて、あてにしないで、親は親で楽しみを見つけたらどう？（保育者Aさん）

私は長い人生を思うと、子どもに手がかからなくなった後、残された旦那と私で共通の話題があるかしら？　と最近考えてしまって。うちの夫は趣味が全くない人なんです。今からゴルフやろうよ〜とか、ゲームやろうよとか、数打ちゃ

当たるとばかりいろいろと誘ってみてはいるのですが、夫はのめり込むタイプではないようで、どうしたらいいですかねー。（Cさん）

**わが**夫も、全く趣味のない人でしたが、私がアメリカに1か月ほど行くようになって、毎日コンビニ弁当や外食ではいやだったのでしょう……、そういうのを毎食食べられるように子どもの頃育ってないので、仕方なく旦那は料理するようになり、それが趣味になりました。とりあえず今から心配しないで定年後を楽しみにしていたら（笑）

**さて**皆さんはいつになったら子どもを離そうと思っていますか？ "出ていけ"と背中を押すときを決めておこうと思いませんか。

**私**は30歳まで家にいました。今でいえばニートでした。とても家にいるのが心苦しくて親離れできない自分もまた嫌でした。アルバイトはしていたのですが、自分の趣味に全て投資していたので家にはお金を入れていませんでした。

　うちの親もそんな私を受け入れてくれるいい親で、父は「オレのお金も何とかあるし娘ひとりぐらい家にいてくれていい」と言ってくれる親でした。それを聞いた私は、パラサイトしている自分がとても心苦しくなり、このままではいけないと、家を出て八丈島に行きました。全くお金がなかったので、すぐパン屋さんに雇ってもらい、日払いでお金をいただいてました。そして半年程、島でひとり暮らしをしました。島の人たちには、とてもよくしてもらって感謝しているのですが、このままでは島から出られなくなると思い結婚を機に島を出ました。結婚するとでも言

わないと出られそうもない状況だったので。ひとりで生活できることを実感することができて、いい経験だったと思います。(Dさん)

いったん家を出ると、子どもも今まで家にいると当たり前にしてもらっていたことが当たり前ではないということがわかるのよね。うちの子どもは、はじめて家から出て、ゴールデンウィークに帰ってきたとき、洗たく物が洗われて出てくるということにとても感動してたわねえ(笑)。

私は30歳過ぎても大人になったという気がせず、家に自分の居場所がありませんでした。だから、親に自分の意見も言えなくて……。(Dさん)

そういう子どもに多分、親も対等には、物を言えなかったと思います。言っても上から下に言うような形になってしまうし……。そういう意味で私は自分の子どもたちと18歳を過ぎたら対等に話し合いたかったので家から追い出したのです。子どもがまだ養われている、とくに小さいうちは親が対等にと思っていても対等になれません。たとえばピアノやリトミックなどの習い事を3歳くらいの子に「この子がやりたい」と言うのでやらせていると言う親がいますが、それはだいたいにおいて、"やらせたい"という親の顔色をみて、子どもがやりたいと言っていることが多いのです。子どもが、親の心を察知しているのです。

最近、本来なら親が子どもを受けいれる立場なのに、それが逆になっていることが多い感じがします。

う～ん、私が子育てしているとき夫と2人で確認し合っていたことは"家庭は学校の下請けではない"ということでした。勉強のことは全て、学校におまかせして家庭では家庭でしかできないことをやっていこうと……そう気づいたのは3人目のときでしたが（笑）。そう思ってからは、うまくいくようになったと思います。ほかの家はどうであれ、うちはそうしようとしてきました。

母親でよく「あなたを大学にやるために私は働いているのよ」という方もいますが、私は私のために働いてきました。生活費は夫にまかせてね（笑）。

前にも言ったと思いますが、主婦の働きをお金に換算すると、1日あたり1万5千円位になります。しかも24時間勤務でしょう！ もっと自信もっていいし、いばっていいのよ。

私は自分のこれからなんて、いま考える余裕がなくて、目先のことばかり考えてしまいます。2歳になる息子が、とにかくよく動くので、どうしたらこの子と離れられるか、いっそ働いて保育園に入れてしまおうかとか、ついさっきも考えていました。でも3歳までは側にいたほうがと思ったり、寝顔をみると、ずっとこのままいっしょにいたいなぁーと思ったり……。（Fさん）

**はじ**めての子は、まだ3歳、まだ5歳、下の子は、もう3歳、もう5歳なのよねー。やっぱり小さいっていうのはかわいいから。子どもが親から離れられないのか、それとも親が子どもから離れないのか……。

「3歳までは母の手で」という言葉がありますが、あれは子どものためというより、国や企業が保育園を作らなくてすむように、また父親が子育ては女房に任せて、しっかり企業のために働けるよう国と企業が流した言葉ではないかと、私は勘ぐっています。

「風の子」サークルの子どもたちはともかく、幼稚園入園まで家庭にいる子は、母の手で手厚く育てられているというより、「3歳まではテレビ漬け」の子が多いのではないかしら。

## 子どもに手をあげたこと ある？

冬に4人目の出産予定です。子どもを叱るときに、つい手が出てしまう。自分がすごくひどい親に思えて……。（Aさん）

**私**には3人の娘（小1、年中、1歳10か月）がいます。夏休みでずっと毎日いっしょっということもあって、気分的に煮つまっていました。夕方、子どもたちも私も暑いのと疲れで何となくイライラ。我が家は夕方はそれぞれ家のお手伝いを、たとえばお風呂洗いやいっしょに料理をすることになっています。その日もお手伝いをさせようと子どもたちに声をかけたのですが、3番めはお腹がすいてわめく、上の娘は私が何度かいって、やっと動いたけどのろのろという感じで。そんな中、真ん中の娘がいくら言っても動かないんです。「動いてっ、動いて！ ほら」あまりに言うことをきかないのでつい手が出てしまいました。

普段でも子どもが悪いことをしたら手を出すほうなのですが、その日は目の上に大きな傷ができるほど叩いてしまって、その傷をみて大変なことをしてしまったと気が動転してしまいました。娘も大泣きで一家が大パニック状態に……。その後、ショックからなかなか立ち直れなくて、しばらく落ち込んでしまいました。（Bさん）

**皆ん**なの前でそういう話をすることは、とても勇気のいることだと思います。何をしたときに手が出るような怒り方をしているのかしら？

**小**学2年の娘が悪いことともかかっているくせにそういうことをして、それを叱っても反省してない素振りをしたときかなー。2歳の息子にはまだ手を出したことがないですね。（Cさん）

私は上の娘が幼稚園のとき、お友だちに怪我をさせてしまったことがあって「絶対に許せないことをしてしまったんだよ」ということをわからせるために叩きました。でも娘は"ママに叩かれた"ということだけが残ったようで叩くことは意味がないなーとそのとき思いました。子どもって、親がイライラしてうさばらしで叩くのと、自分のことを思って叱るために叩くことの違いがわかるんですよね。私は小さいころ、よく父親に叩かれたのですが、その違いがわかりました。（Dさん）

## 子どものために叩いたという体験あれば誰か話して。

下の子が産まれたばかりの頃、幼稚園の息子が下の子にお布団をかぶせてぎゅうと上から覆いかぶさってきたので「死んじゃうでしょっ！」と叩いて外に出しました。息子もまずいことをしてしまったんだという顔をしていました。（Eさん）

私は自分が穏やかなきょうだいの中で育ったので、自分に2人の男の子ができたとき、どう対処していいかわからなくて。男の子同士のケンカって足でお腹をけったり、グーでなぐったりすごいんです！　私は叩いて叱るということがいやで、口で「やめなさいっ」と言ってたんですが周りの人に「男の子は叩いて教えないとわかんないよ」と言われ、そうなのかなぁと思って叩いていた時期がありました。でも収まるわけでもなく、私自身叩くと落ち込んでいやな気持ちが残るのでやめました。その後、子どもたちも大きくなったこともあり、言葉でも通じるよねーと思いました。（Fさん）

## 子どもを叩いてしまう！

頭では叩かないで子育てしたいと思っているのに、言うことを聞いていくれないと、つい手がでます。皆さんは叩かないで子育てしているの？（Aさん）

**私も**かつて手が出る親でした。手が出るときって、だいたいが自分のストレス発散だったなーと思っていますが、どうですか？

**何**度同じことを言ってもわかってくれないときに、手がでますね。（Bさん）

**そう**いうときは、自分の言い方が悪いのかなーとは思いませんか？

**そ**う思って、いろいろと言い方を工夫するんですが、それでもわかってくれない、そういうときですね、手が出るのは。（Bさん）

**小**学3年の娘が、私が何か言うと言い返してきたり、怒って叩くとやり返してきたり、もうバトルです。この間も取っ組み合いのケンカをしました（笑）。反抗期なのかなということで片付けてしまいたいのですが、言い訳ですよね。（Cさん）

**子**どもをひとりの人間として扱おうと思って話しても、向こうが、あまり生意気言っていろいろと返してくると調子に乗るな！ と思って、そういうときは「おしりと頭、どっちに紅葉（手の跡）作りたい？」と脅かします。（Bさん）

**冷**静だねー。私なんて手が出るときはそんな余裕ないよ。気がついたら手が出ている、感情が走っちゃって。（Dさん）

**子ども**もが叩かれても「悪かった」と思えばいいけど、わかっていないことのほうが多くない？

この間、友人と中学時代の話になって、その友人が「あの頃は先生によくぶたれたし、厳しかったよね。でも、そのおかげで皆んな、ぐれずにこうして大人になれたのよね。悪いことは悪いと教えてもらったよね」と。私自身はいやだったなぁと思う気持ちが残っていて全面的に肯定できないのですが、叩かれてもこうして伝わることもあるのだなぁと思いました。（Eさん）

**そう**ね、その頃の中学校って、スカートはこの丈、髪の毛はこれ位など、思えば、ばかばかしい規則があって、それを破ると厳しく罰せられるということがありました。その規則を肯定しようとは思いませんが、先生たちには、きちんと怒る基準があったのです。生徒のほうにも、これ以上したらまずいとか、何をしたら怒られるとかがわかってやっていました。だから怒られても何で叩かれるのかがわかりましたから、そういう意味で健全です。親が怒るときって、ちゃんとその枠を子どもに伝えている？　ただのストレス発散になっていない？

**A**さんの話をきいて思ったんですが、まだ手のかかる下の子も含めて3人もいて（しかも妊娠中）、それをあの大変な夕刻の時間にお母さん一人で何とかしようするのがもう無理な話。いろいろと手伝わせようとしているなんてそれだけで偉いと思う。私なんて子ども2人が小さいとき、夕方4時から6時

ころ、お願いだから夫よ、帰ってきて手伝ってーと思っていました。もう一人いてくれたら、こんなイライラせずに心穏やかにできるのになぁと。(Hさん)

**昔は**ね、子育ての責任を皆んなで背負っていたのよね。お母さんより、その家のおじいさんとかおばあさんのほうが教育係として責任があったくらい。ところが核家族になり、血縁地縁がなくなってきた今は母親一人が子どもの責任を背負っている状況なのよね。とても大変だなと思います。そういう意味で自分を責めすぎないようにね。

**私**はイライラしてきたなーと思ったら近所の友だちをご飯に誘って、愚痴を聞いてもらっています。ストレス発散の場所をいくつか作っておいてます。(Jさん)

**自分**のストレスを子どもにぶつけるのではなく、なにかいい工夫はないかしら？ 私の話になりますが、私が子育てしていた頃、近所に同じくらいの子をもつ友だちがいて、夕方は1日おきに子どもを預けっこしていました。よその子がいれば私もちょっと緊張してかっとは怒らないし、子どもは友だちと遊んでくれるので助かりました。子どもがいない日はちょっと手がこんだものも作れたし、この方法はとてもよかったと思っています。叩くことで解決したとか、効果があったということありますか？

**私**は娘が2歳ちょっとなので、それほどの悪さもしないし、まだ子どもを叩いたことはないのですが、これからはわからないですね（笑）。それと母が、私が中学1年のときに亡くなって、小学3年の妹の母代わりをしなくてはいけなくなり、どうしていいかわからず、あせっていたのでしょう、妹をよく叩いたんです。そうしたら妹に「なんでお姉ちゃん、叩くの？」と言われて、そのとき叩いても効果がないなーと思ったんです。（Fさん）

**親も**初めての子育てはどの程度のことを叱ればいいのかわからないのよね。親の理解が進むと、これは叱るべきこと、これは叱らなくてもいいことがわかってくる。さっき"私がこんなに言っているのにどうしてわかってくれないの？"というときに手が出るという話がありましたが、それは"私を受け入れてくれない子ども"に怒っているのよね。

**最**近は冷静にみれるようになったと思います。やってもらいたいことがあるときややったほうがいいなと思うときは「手伝ってもらうと助かるよ」とか「今、やったほうがいいと思うよ」と言って、やるかどうかは娘にまかせています。（Aさん）

**皆さ**んも親の言ったことは後になって正しかったなぁと思ったことってありませんか？「お母さんは、こう思う」と、たとえそのとき子どもが聞いてないように見えても言うことは大事だと思いますよ。

**お**姑さんに「期待して、裏切られ……」が親の仕事だと言われたことがあります。（Gさん）

**自分**が子どもに「こうして欲しい」ということは伝えても、それをどこまで受け入れるかは子どもの自由です。子どもは自分とは違う生き方をしてもいいんだと、どこかで思っていないとね。

　それと、初めての子育てでストレスをより感じてしまうのは見通しがたたないからではないかしら。触ってほしくないものを触ったときに「めっ」と叱ればいいのだけど、30回ぐらい言わないと子どもはわかりません。それなのに1、2回言っただけで言うことをきかないとイライラしてしまうのです。とりあえず30回は言わないといけないんだ、とわかっていればイライラしないでしょう。

　何を叱ればいいのか、何が本当に子どもにとって大事なのかが初めての子はわからないのよね。だから叱ることが絞りきれず、あれもこれも叱ってしまうということがあります。子どもも叱られてばかりいては面白くないし、かえって言うことをきかなくなるでしょう。家で言われると何となく反抗してやらないことでも案外、外ではきちんとやっているということが多いものです。

　ご飯のときに、ひじをつくなと家で毎回叱られても家ではひじをついている子が外ではつかないでいたり……。親の言うことって、どこかに残っているものです。

　叱いたら、その5倍は誉めなくちゃ。皆さん、怒ってばかりではなく誉めていますか？　5倍ですよ。

　子どもを一人前に育てるには身につけないといけない社会のルールがいっぱいあります。それを教えるには叱らないといけません。そこで

叱る親は何を(What)教え、どうやって(How)教えていくのかをきちんと考えてなければいけません。

アメリカでは次のような考え方をします。例えばお話会で騒いでいる子がいるとします。日本では周りに迷惑だからと考えてその子を叱り、そこから出るように伝えます。でもアメリカでは、この子はここにいたくないのだろうし、この子には騒ぐ権利がある。だから、その子の権利を守るためにここではないところに行くべきだと考えます。またほかの子は、お話を聴く権利があるのだからそれを守ってあげるべきと考えます。子どもには社会で生きていく権利があるという考え方なのです。そして親は社会で生きていくためのルールを教える義務があると考えています。社会で生きるためのルールを教わる権利を親は保障しなければなりません。なぜ手が出てしまうかですが、それは伝える言葉が不足

しているからだと思います。私自身、子どもを叩きました。それは私が会社勤めなどをして上司や部下を持つような経験があまりなく、いろんな立場の人にわかってもらうよう言葉の使い方を訓練してこなかったからだと思います。社会性が足りなかったからでしょう。相手にわかってもらうように言葉を尽くすのは大変です。とくに専業主婦は訓練が足りないかもしれません。

**訓**練を受けている夫のほうが言葉の使い方がうまいとは思わないけどなー（笑）。でも「オマエの話はわからん」とは、言われる。（笑）（保育者Aさん）

## 一人で子育てしていると　落ち込んでしまう！

子どもを叱ってはイライラ、ついつい手が出てしまって。私を頼って甘えてくる子どもに対して申し訳ない気持ちと罪悪感でいっぱいになる。こんなことを繰り返していると落ち込んでしまいます。（Aさん）

2か月前の話なんですが、その頃、息子（当時1歳10か月）はトイトレ（トイレトレーニング）中でほぼできるようになっていました。ところがその日、遊びに夢中になっていたんですが、おしっこをしたそうにもぞもぞしていたので「トイレに行こうか」と誘ったら、「しない」と言ってきかず、結局ジャ〜ッともらしてしまいました。ちょっと前だったら、うんちをパンツにしてしまったら「でた」と教えてくれていたのに、うんちでパンツがこんもりしているのにとぼけて教えなかったり……。ちょうど私自身が体調を崩していたことや、夫が泊まりの仕事で家に帰ってこない日が続いて……。それで、おしっこをもらしてしまった息子に対し腹が立ってきて、息子のおしりをパンッと叩いてしまいました。息子は大泣き。夜になると「お母さ〜ん」と私を頼って甘えてくる息子に申し訳なさと罪悪感で、ひどく落ちこみました。このままでは虐待母になってしまうと思い、夫にお願いして平日1日だけ仕事を休んでもらいました。朝と晩だけでも夫がいてくれるとだいぶ違うのですが…。（Aさん）

**もら**すからイライラしたんじゃなくて、親のイライラを感じとって、おしっこやうんちをもらしていたのではないかしら？

**あ**の頃、体調が悪くて自分はご飯を食べたくないのに、子どもがいるから作って食べさせないといけないとかそういうイライラが溜まっていました。本当に虐待するって紙一重だなぁと思いました。（Aさん）

Aさんは、旦那さんに休んでもらうことで解決されたようですが、今は仕事で朝晩夫がいないという方はたくさんいるでしょう。そういうときに「ちょっとうちの子預かってくれる？　うんちもらすけど（笑）」と、気軽に預けられるお友だちが周りにいないかしら？　トイレトレーニングは皆さんにとって、すごくストレスになるのかしら。

長女がトイレトレーニングしているときに、育児書に「おしっこをもらしても穏やかに『気持ち悪かったねぇ』と受け止めましょう」と書いてあったんだけど、おしっこを漏らしてもニコニコしている娘に、心から笑って「気持ち悪かったね」なんて言えないと思ったなぁ。（保育者Bさん）

3歳くらいになると子どもも知恵がついてくるし、わかってやったりしますよね。やる時期によってイライラ度が違う。2歳までならいいけど、3歳になると口もたってくるし……。（Bさん）

自分のこう育てたいという理想の子どもとギャップのある現実を見て、イライラしたり落ちこんだりするのでは……。（Cさん）

専業主婦だと夫が当たり前のように「子育てはお前の仕事だろ」という態度を感じない？　子どもが失敗すると、お前の育て方のせいじゃないか的な……（保育者Bさん）

**あ**ります。だから家事も子育ても一生懸命よくやったなぁという日は、その仕事をお金に換算して高い化粧品を買ったり（笑）。（Dさん）

**私**のイライラは夕方がピークですね。こうしたいという段取りが全て子どもたちによって崩されていくときです。それで怒ったり、なだめたりしながら子どもたちを寝かした後、振り返って反省してます。考えてみると、子どもたちにイライラというより、うまく仕切れない自分に対してのイライラなんですよね。そんな自分に1、2人目のときは落ちこみました。5人いる今は、落ちこんで一瞬考えるけど、すぐ切り替えられるようになりました。とにかく早く寝て、反省して明日また頑張ろうという感じです。（Eさん）

**夫の**「オレは稼いでいるのだから、お前は家のことをやるのは当たり前」という態度に対して、どう対処しているの？

**私**は反論できないくらい言い返した。（保育者Bさん）

**う**ちは夫が強いから反論はできません。だから別な仕返しを……。（Cさん）

**ど**んな？　OLみたいにお茶にフケなんかを入れるとか（笑）？（保育者Bさん）

**ち**ょっと汚ないバスマットといっしょに夫の靴下を洗うとか……。（Cさん）

**子ど**もだけにイライラするのではなくて、夫にイライラというのもあるんじゃない？

うちの夫は家のことを何もしない人だったんですが「子どもに『お父さんはダメな人』って言いたくないからやって」と訴えました。（Bさん）

一生懸命子育てしているのに、わが子をみると、この程度……というのに落ちこみます。（Hさん）

**親が**こうやりたいとか思いすぎて、それについてこない子どもにイライラするんでしょう？　下手な目標をたてなきゃいいんじゃない？

その子に合った、近づき方がありますよね。私は二人目の長女（年長）が２歳のとき、サークルまで歩かせると決めて実行していました。どんな日でも、嫌がる日でも意地で歩かせていました。でも今、考えると、その子のことを考えずに無理させてたなぁと反省してます。今、３人目の次男（２歳８か月）は押し付けずに、彼の気持ちや体調に合わせて歩いたり、自転車で行ったりしてます。理想はありますが、その子に合った匙加減が結局、大事なんだと思いました。（Cさん）

自分でやった努力の結果がすぐ欲しいんだよね。でも子育ててってそれがすぐに出ない。トイレトレーニングだけど私は２人目なんて、いつまで紙おむつでいられるかに挑戦！　と開き直って放っていたら、ある日、自分で気持ち悪がって

はきかえてた。あっ、これは悪い例、参考にしないでね(笑)。(保育者Bさん)

**皆さ**ん、先ほどから「こんなに努力したのに……」とおっしゃってるけど、私からみると無駄なことに努力されているような気がしますよ。離乳食も無理にこだわらないで、ご飯の軟らかいものとか、お味噌汁のジャガイモ、パンを水でふやかしたものでもいいよ。わざわざ凝って作らなくても……。

**栄**養士さんの指導があったり、育児書にこういう離乳食がいいと載っているから、こうしなければいけないと思ってしまうよね。(保育者Bさん)

**私**もマニュアル本を読んでしまう方です。初めてだし、こうすべきという本を読んでしまうと、そうしなければと思ってしまう。でも、その通り実行できなくて落ちこむんですよね。(Jさん)

**育児**書なんて全く読まないか、読むなら20冊以上読んで消化して、自分らしくとり入れればいいと思ってます。

**私**も一人目で、だから子育ての見通しができないんです。子どもの育ちを見通して先にリードできないんです。実は今年の夏休みは息子(3歳3か月)と平和に暮らしてました。息子とのバトルも少なく、穏やか〜な日々。そしたら夏休み明けの保育終了後、「息子さん、自分で何もしなくなって、人頼みになっ

ちゃったよ」と言われて。考えてみたら夏休みはお着替えとかを私がやってあげたり、世話をしてしまったりしてたんです。だから、もめごともなく平和だったんですね。落ちこみました。ときどき、「もっといいお母さんのところに生まれたらよかったのにね、ごめんね」という気持ちになります。(Bさん)

私は1歳と3歳の子がいます。上の子が2歳前の頃のイヤイヤ期にはイライラしました。今のイライラというと今頃になって上の子が赤ちゃん返りして「抱っこして」とせがまれることです。トイレについては寒くなってきて、上の子がときおりおもらしをします。あ～あ、また片付けなくては～というときに限って、今度は下の子が泣き出して……もう、いい加減にして～と思います。(Iさん)

私は「おむつなし育児」の話を聞いて、早速、3番めの次男（2歳3か月）を「おむつなし」にしました。けっこうすぐできるようになったんですが、ご飯を食べている横で、いきなりりきみはじめることがあって、止められないし、おまるを持ってくる間もなくて、コロンと足元に。もう笑うしかないって感じで、上のきょうだいも笑ってました。さっとふき取っておしまいなので、楽といえば楽です。(Jさん)

出していただいて、ありがとうって感じね（笑）。本当に皆さん、そんなことに努力しなくてもいいのにと思うことがたくさんありますよ。皆さん2番め、3番めから産めるといいんですが（笑）。そうはできないから一人目の方はいろんな人の子育てを見るといいわよ。

うちの息子は育ちがゆっくりだったので外でよその子をみると、うちの子はあれもこれもできないと見くらべるのが嫌になってしまって、外に出なかったときがありました。(Bさん)

長男（年少）は4月生まれで、学年的にはいろいろできるようになるのが早かったし、口も早かったんです。そういう意味では子どもの成長を不安に思ったことはなかったのですが、日常のなかで、むしょうに子どもに対してイライラしたり、子育てしていると自分のダークな部分が表に出てくることがたくさんあって落ちこみます。自分の器の小ささにがっかりです。社会人の頃は、もっとうまく感情をコントロールできて、ちゃんとやってきたはずなのにって。((Cさん)

私は一人目の頃が、いちばんイライラしてたかな。10年前の自分とくらべて今は成長したなぁと思います。たとえ失敗しても次に生かされればいいかと思えるようになりました。(Gさん)

お母さんたちは子どもを産むまでは優等生だった方が多いのでは？ だから子どもを育てるときに、うまく子育てできない自分に落ちこむのでしょう。でも、それが成長のしどきです。物を考えるチャンスなのです。子どものことで悩んだら、賢くなったと思いましょう。

Aさんのように体調が悪いと自分の嫌なところ弱いところが出ちゃうよね。早く切り替えないとへこんでしまう。(Fさん)

**愚**痴やら何やらを聞いてくれる人を身近に！　夫もいいけど子どものことなら子育て仲間や先輩母がいいよ。もうダークな自分を見られているからね（笑）。（保育者Aさん）

**子**育てとは違うことをするのもいいです。趣味で太鼓をしているのですが、子どもは目の届く範囲において太鼓を叩いています。子どもばかりに目がいかなくていいです。（Cさん）

**今の**専業主婦は子育てに専念するのが仕事になっています。だからちょっとしたことが気になるのよね。皆さんも何かしながら「ついでに」子育てしたほうがバランスがとれるのでは？

今、母親が働くことを躊躇するのは、働くとなると会社に8時間、通勤時間などを入れると10時間、会社にしばられることだと思います。子育て期の親は長くて6時間の就労にし、もちろん給料もそのままでという世の中にしたいと、私は思っています。

## 子どもにとっての「安心の場」になっている？

先生も手に負えないくらい世話のかかる子って話を聞くと、息子（2歳2か月）はうちではとてもいい子だけど、私の機嫌が悪いと、ご機嫌をとったりする……。はたして私の家は息子の憩いの場になっているんだろうか。（Aさん）

最近、園や学校では暴れて先生を困らせるのに、家ではいい子という子が増えているとの報告を耳にします。昔は、"内弁慶、外味噌"といって、家では暴れても外ではいい子という子が多かったのですが、最近は逆転してしまったようです。家でいい子を求められ萎縮している反動で、外で発散しているということなのでしょうか。

うちの小学1年生のお姉ちゃんですが、うちと外で違うというより、お友だちといると強気になるらしくて、私に対して暴言をはいたりするんです。どうしてなんだろうと悩んだんですが、近所の人に「一人じゃ言えない、まだ甘ちゃんだと思えばいいじゃない」と言われて楽になりました。（Bさん）

お友だちといっしょにいると……、というところが気になります。私は、自分の子に「人の尻馬にのるな」と言ってきました。「何か文句があるのなら一人で言いなさい」と言ってきました。誰かがいっしょだと自分の責任が曖昧になります。何か悪いことをしても「○○ちゃんがやった」とか、人のせいにします。悪いことをするなら一人で。いいことをするときは、皆んなでと言ってきました。

下の子（2歳5か月）は自由人でイヤという意思表示がちゃんとできるのですが、上の子（小学1年）は私に対して何も言えなくて、私が怒ると言い返すどころか、ノートに「お母さんごめんなさい」と書くような子で、かえって「お母さんのバカ」と書いてくれた方が気が楽です。私が上の子に厳しすぎて自分の

意見が言えなくなってしまったのではと思ってしまって……。(Cさん)

3番目の娘が生まれて一年になるのですが、最近、まん中の子がすごい反抗期でほんとうに困っています。ほかの人に聞くと「すごくいい子よ。なんでも一人でできるし、心配ないわよ」と言われるのですが、先日、保育者の人に相談したら、それは「私のことを見て、見ての信号じゃないかしら。下に赤ちゃん、上にお姉ちゃんがいてお母さんは大変だろうけど、わたしをよく見てということだと思うわよ」と言われました。

そうしたら、この間、まん中の子がひざの上に乗ってきたんです。こんなふうに抱っこしてあげたのは、久しぶりだなーと思いました。ちょっとした時間が、この子には必要だったんだなあと思いました。(Dさん)

お母さんのひざに自分が座っていいんだという雰囲気が、その日のお母さんにはあったんでしょうね。

そういえば、私が出産のときお世話になった助産院の方が子どもが3人いるときは、上と下より倍多く、まん中の子とは会話したほうがいいと言っていました。(Dさん)

たしかに、まん中はいい待遇されていないですねー。お姉ちゃんにはお土産があるけど私にはなかったり、弟は何かと優遇されたり……。祖母といっしょに暮らしていたんですが、このおばあちゃんが昔の人らしく扱いの違いがすごくて、子ども心に、このクソババーと思ってました(笑)。大人になってからは、上と下に比べて何をしても自由にさ

せてもらったのでよかったと思いました。（Eさん）

まん中の子は、大人になるとその良さがわかるって（笑）

うちに、いつも話題になる次男坊がいて、外でも内でも同じように悪いことをする（笑）。そういう意味で裏表がなくていいかなと。友人のお母さんには「いつも『○○くんのお母さん、こんにちは』と挨拶してくれるのよ。いい子ねー」と言われて、この子すごいなぁーと思います。うちは4人いるので一人ひとりになかなか手をかけられないのですが、1日10分間、どの子とも1対1で話す時間をもとうと心がけています。（Fさん）

Eさんの話を聞いて、身につまされました。私も子どもが3人いるのですが、まん中の子のために、なかなか時間や手をかけられなくて……。そういう時間をとろうとしても上と下が、ワァワァと言ってきてできません。反省はするけど現実には厳しいですね。（Gさん）

皆さんの役に立つかわかりませんが、私にも3人子どもがいまして、子どもが小さいころ、寝る前に絵本を読んでやりました。月・木は長女の日、火・金は長男の日、水・土は次女の日と決めて、その子の好きな本を読んでやりました。上の子の日は、下が泣こうがわめこうが、放っておきましたね（笑）。子どもにとって時間が問題ではないと思います。お母さんが、自分に向いてくれているという実感が欲しいのだと思います。工夫すれ

ば3人でも4人でも向き合うことはできると思いますよ。

　最初のテーマに戻りますが、子どもの真実の姿を見るためにはどうすればいいと思いますか？　Aさんは自分のお子さんが家で安らげていないのでは……、子どもの真実の姿が見えていないかも……と思われたわけですよね。

　子どもを見るには3つの目が必要だと私は思っています。1つは親が直にみる目。2つ目は、友だちの中にいるわが子を見る目。3つ目は、自分が見ていないときのわが子を見ている人の目です。これらの3つの目があって見えてくるのだと思います。

　いちばん難しいのは、3つ目です。子どもの様子を正直に伝えてくれる人がいなければなりませんし、正直に伝えてもらえる人間関係ができていなければいけません。たとえば、園などで、ある子が悪いことをしたとします。そのことをその子のお母さんに伝えたいのですが、そのお母さんが正直に伝えると逆上して「あんたのせいで、お母さんが言われてしまったのよ！」とさらに、その子を追いつめてしまうようなお母さんには伝えられません。

　このお母さんなら伝えても子どもを受けとめ、いい方向に考えてくれるというお母さんなら、正直に伝えることができます。どうですか。皆さんは保育者に正直に伝えられているお母さんですか？

う　ちのお姉ちゃんは、私にあまり話してくれないんですよねー。私より隣のおばちゃんになんでも話すみたいで、私の知らないことを隣のおばちゃんから知らされたり……。どうして、私には話してくれないのっと思っています。（Hさん）

**それ**は、いいわね。親が全部子どものことを受け止めるのは無理なことです。子どもの居場所を親以外のところで、子どもの周りに配置しておくのも、大事な親の仕事だと思います。親には相談できないことを相談できる人がいるということは大事です。

人間を育てるには、厳しい面と支える面の２つがなければまっとうに育たないと言われています。世界中に継子(ままこ)話がありますが、有名なところでは、シンデレラのお話ですね。継母にいじめられた子は必ず幸せになります。ちやほやされて育った連れ子は不幸になります。そして厳しくされた子には、必ず支えになる人がいます。ペロー(フランスの詩人・批評家・童話作家 1628 〜 1703)版のシンデレラは死んだお母さんの霊がシンデレラを支え、助けてくれます。厳しい冷たい目、支える熱い目、どちらも必要なのです。母親一人が両方の役割をするのは大変難しいです。だから、いろいろな人の目があることが大事なのです。

**兄**弟のいる方の話を聞いていると、兄弟がいるだけで、熱い目が分散されていいなーと思ってしまいますよね。だから、一人目やひとりっ子のお母さんは余計に自分が子どもを萎縮させてしまっているのではと悩んでしまうのではないでしょうか。(保育者Ａさん)

## 昔は、大家族で子育てをしていたけど……

　赤ちゃんは、大人は生き方（良いと悪い）を教えてくれる人として見ています。とくに赤ちゃんが自分で動き始めたら、「いい」と「わるい」をしっかり教えないと危険でさえあります。動き始めた赤ちゃんが「こうするとどうなるのかな」と思うことはたくさんありますからね。電気の紐を引っ張ったり、ゴミ箱を倒すだけではありません。ストーブに触ったらどうなるかなどなど、触って、引っ張って、叩いて、舐めて、全てを確かめてみたいのです。これをやると「メッ」と言われる、こうするとにこにこして要求を満たしてくれる、赤ちゃんは自分の行動に大人がどんな反応をするか確かめているのです。赤ちゃんはそれを、わかりやすく、しっかり教えてくれる人を信頼していくでしょう。

　60年ぐらい前まで、一家の中で子どもをしつける責任者は舅姑でした。家業に家事に忙しくて子どもを抱いている暇もない母親（嫁）にとって、オッパイを飲ませるときと添い寝するときぐらいしか、子どものそばにいられませんでした。そのころの母親はただひたすら子どもを抱きしめてかわいがっていればよかったのです。きびしい姑や舅が（または父親が）、冷たい目でしつけてくれるのであれば、母親はただ熱い目で抱きしめていればよかったのです。いまよりずっと子育ての責任は軽かったでしょう。赤ちゃんにとっても、開け放たれた家で、ご近所も含めたたくさんの熱い目や冷たい目の中で育つということはとてもしあわせなことでした。

　核家族になった今、母親は密室の中で、たったひとつの目で（目はふたつあるとしても）抱きしめる「熱い目」と、世の中の生き方を教える「冷たい目」の両方を併せ持たなければなりません。ですから母親も混乱してしまうのです。おまけに家の中が電化され、時間に余裕ができましたから、抱きしめようと思えば一日中抱きしめていても（逆に言えば叩いても）、密室ですからだれからも文句を言われません。

## 子どもを 「待つ」ということ

一人でお着替えできるまで待ってあげたい！　でも、なかなか服を着ない。ただただ時間だけが過ぎてイライラ。自分で着て欲しいという親心で待ってあげたいのだけれど……、やっぱりイライラ。（Aさん）

　当時3歳半の長女に「お風呂に入るよ〜」と声をかけても「今、これやっているから」と言ってなかなか入らない時期があったんです。お風呂にやっと入ってあがると今度はなかなか服を着ない。「裸でいると風邪ひいちゃうよ」と言っても着ません。そんな娘にイライラして。自分で着てほしいという親心もあり、自分でやるまで待ちたいなぁと、待ってみたりもしたんですが時間だけが過ぎてイライラ。今はすこしましになりました。でも考えてみたら娘に「あと"ちょっと"だけ待つね」と声をかけていたんですが、この"ちょっと"という言葉が3歳の娘にはわからないなと思って、絵を描いていたら「じゃあ、あと1枚描いたらお風呂に入ろうね」とか。自分に余裕があればできるんでしょうけど、なかなかできないですね。（Aさん）

　自分から行動できる子に育てたいと思うのですが、そうすると常に待たなくてはいけないのかしら？　待たなくてもいいというときはあるのでしょうか？（Bさん）

　危険が目の前にせまってるときや、大きな危険をしようとしてたら待ってちゃだめでしょ！（保育者Bさん）

　よく大人は子どもに「"ちゃんと"やりなさい」とか"きちんと"やりなさい」と言いますが、子どもには、この"ちゃんと"や"きちんと"がどういうことかわからないのです。具体的に子どものわかる言葉で伝えてあげることが大事です。

精神的な余裕を持ちたいなら、朝1時間早く起きて、子どもが起きてくる前に自分の仕事をやってしまうといいかも。私はできなかったけど（笑）、おすすめです。以前、藤田さんもおっしゃっていたけど1日1時間、自分の時間が持てると違うのでは。（保育者Aさん）

子どもを早く寝かせて夜だけでも自分の時間を作ってはどう？

今朝、出かけようと思ったら娘がだらだらしてたので「お外に雪が降っているかもよ、雪を見に行こう」と言ったら、すごい勢いで準備して外に出てきました。先に楽しいことがあると動けるんですよね。（Cさん）

とにかく褒める。さもないことも褒めるというのはどうかしら？　ダメなことをしたとき、「ダメよ」とよく叱るけど、ダメなことをしなかったとき皆さんほめてますか？　褒めるチャンスです。

褒めるのとはちょっと違うかもしれないのですが最近、長男の体力がついてきて、たくさん身体を動かした日でもなかなか寝ないんですね。寝る前の絵本を楽しみにしているので「時計の針がここに（夜8時半）くるまで、お布団に入らないと、絵本5冊読んであげないよ」と言ってみようかと思っているところなんですが。（Dさん）

う〜ん、せっかくやるなら脅すような言い方じゃなくて「早くお布団に入って絵本をたくさん読み

たいね」と肯定的な言い方にしてみたら。（保育者Aさん）

　**う**ちは夜8時15分になったら電気を消すようにしてます。自分が家事をダラダラしていると子どももダラダラしてしまいます。今日は子どもが寝たらあれをしようと思うとモチベーションが上がって緊張感を持って家事をちゃっちゃとすすめられて、子どももそれにつられて……。いつもうまくいくとは限りませんが、自分が疲れきっているときは、家事の手を抜いたりしてます。何を優先してやるかをいつも考えておくといいですよね。親自身に迷いがあるとだめなんだなぁと最近思います。（Fさん）

　**そう**ね。親に余裕があるときは子どもの扱いも上手くいくのよね。親は子どもに「早くしなさい」とよく言うけど、早くさせることが大事なのか、何が今はこの子の育ちにとって大事なのか、目標達成が大事なのか、それがわかっていると親も子どもも行動しやすいのでは。

　余裕がないほど疲れているときは、Fさんのように家事の手を抜くのもひとつの方法、掃除も洗い物も手を抜いたって死にゃしません。手を抜いちゃいけないのは子育てだけです。

幼い子には、いきなり、「はい全部やりなさい」ではなく、着替えなら、まず今日はパンツが1枚でも自分ではけたらOKとして、褒めることからはじめてみたら。できていたことがこじれてやらなくなったときも、まずはまた1枚からと親も仕切り直して。♪三歩進んで二歩さがる♪のが子育てというか人生〜♪（保育者Aさん）

「ママ〜、やって〜、ぎゃあ〜！」に根負けすると、ずっとぎゃあ、ぎゃあ言えばママはやってくれるとなるから気をつけて。（保育者Bさん）

「今日もお母さんに勝っちゃった」って、子どもは思っているかも（笑）

「うちのママは、ぐずると何でも買ってくれるんだよ」と言っている小学生の話を聞いたことがあります。（Fさん）

これは子どものためにしてあげるべきことなのか、そうでないのか、そういうことをキャッチして判断できるようになるために、どうしたらいいと思いますか？

長男（年中）と長女（3歳9か月）がよくきょうだいゲンカをするのですが、どこまで待ってやらせていいのでしょうか？　つい、すぐやめさせてしまうのですが。私があのぎゃあぎゃあ泣いたりというのが嫌なんです。すごいケンカに発展してほしくないので。（Gさん）

**お腹**や顔は殴ってはダメだよ、というルールを作って、一回くらいはとことんやらせてみては。あとは武器を絶対使わないとか。この年齢の子だったら、手でやる分には大きなケガをするようなことにはなりません。きょうだいゲンカは安心の中で加減を覚えられるいい機会だと思います。

**う**ちも長女（年長）と長男（3歳7か月）がよくケンカします。たぶん外ではお友だちにケガを負わせるようなケンカはしてないなと思います。（Hさん）

**親が**どこまで見ていられるか、何を嫌と思うか、何を微笑ましく思うか、いわゆるそれがその親の価値観ですね。見ていてこれ以上はやめてほしいと思え

ば、きちんと止めればいいのです。子どもには親のそういう態度が伝わります。

**う**ちは、お兄ちゃんが我慢して、妹のほうが手を出してくるというパターンが多くて対等という感じではないのです。（Iさん）

**う**ちもお姉ちゃんのほうが、すぐ私のところに泣きついてきてました。でも自分で弟に言うように毎回言ってたら、今では対等にやり返せるようになりました。（Jさん）

**脅**すつもりはないけど、うちで大ゲンカしても外ではひどいケンカを友だちにふっかけるようなことはないと思うの。でも家庭のなかに暴力的な要素があったり、暴力

を許す環境だったりすると外でも暴力をします。ちょっとしたことでかっとなってしまうなら、その沸点の低さはどうしてなのか考えてみるんだけど、何でもかんでも子どもが要求したらすぐやってあげてしまうとか。子どもにも待つという感情のコントロールを育てないとね。（保育者Aさん）

子どもが遅寝遅起きだとイライラしますよね。子どもの生活リズムが早寝早起きだと余裕ができます。それと、ちょっとしたことだけど、ご飯の献立が早めに決まっているとイライラしなくて済みます。（Fさん）

今の自分だって、完璧ではないことが多いでしょう？ 人間が育つには時間がかかるし、完璧な人なんていないよね。それなのに、まだ2、3年しか生きてない子に完璧を求めすぎてしまってないかな〜。できない子どもを見てイライラってね。（保育者Aさん）

同じ待っているといっても、ぼーっと待っていても、イライラ待っていても同じ時間。どうせ待つなら楽しんではどうでしょう。以前、私が子どもは満足すれば終われるのよと言ったら、あるお母さんが、藤田さんがそう言うならと子どもが満足するまで待とうと思い、本音は早く帰って夕食の仕度をしたいのにイライラしながら、公園で遊んでいるのを待っていたら、いつまでたっても終わらないと……。

子どもに、そのお母さんのイライラが伝わって子どもも遊びきれずに不満足になってしまったのでしょう。こういうときは「じゃあ、あと3回す

べり台をすべったらね」とか落としどころを作ってあげて、楽しんで待ってあげるといいと思います。そういうことをくり返すことで、うちの親が、あと3回と言ったら終わりなんだという決まりごとを子どももわかるようになります。こういう枠組みが子育てには大事です。枠がないと子育てはできないと思っています。何をだめとするか、またはいいとするか枠を子どもに示してあげないと子育てはできません。子どもの枠を作ってあげるのが親の役目です。

ケで終わりだと思っているでしょうから。それと約束を守れなくて叱るときは3回、別なことで褒める。いいことなんてありませんという人がいますが、これも練習です。

**何**かで読んだんですが、親って子どもの叱りたいところはたくさん浮かびますよね。でもマイナス面は表裏一体で叱りたいことを裏返してみるといいところになると書いてありました。（Fさん）

**あ**と3回ねと言いつつ、いつもオマケの1回とかつけてしまうのですが……。（Jさん）

**その**1回もお約束のひとつとして機能していればいいんじゃない？　お子さんもオマ

**アメ**リカで教わった詩に「私、私が好き。なぜなら私は○○で、○○だから、私、私が好き」と自分の長所を2つあげる詩があります。この詩を「私、（○○ちゃん）が好き」として、いつも長所を2つ見つけるように普段から心がけてみてください。

## 赤ちゃんの頃から預けるから学べるの

初めての子で子育てに自信がなかったから、「風の子」に入りましたが、こんな赤ちゃんを他人に預けてもいいの？　という不安もありました。親は楽しいけど、子どもにとってどうなのかしら？（Aさん）

　**赤**ちゃんを（預ける）サークルに入れるなんて」というお母さんがいますよね。でも「わたしの子育ては大丈夫かしら？」と思ったり、ひとりで頑張りすぎなくても大丈夫だから、孤独な子育てから脱出できる場所、それが「風の子」ですよね。皆んなで子育てをすれば子どもはもちろんお母さんだって勉強になります。(保育者Aさん)

　**こ**こ数年、年度替わりのはじめに、「預ける」ことについて話し合っていますけど、藤田さんから「預ける」ことについて話していただけますか。(保育者Bさん)

　**サー**クルに入るということは、子どもの友だち(仲間)を作るためではなく、親が友だち(仲間)を作るためです。まず親が人と関わり合う生活をしていないと社会性のある子どもを育てられないと思っています。いわゆる密室育児ではいい子が育たないということね。

　昔は家庭の中でも協力しないと生活できなかったので、近所の人はもちろん、おじ、おば、いろんな人との関わりがありました。それが今は夫婦と子どもだけの核家族で、しかも夫は日中、会社に行っていますから母と子だけで長時間生活する。人が長い間生きてきた歴史の中では異常な状態です。そして、今、皆さんのほとんどが核家族の中で子育てをしているのです。自分の子どもが普通に育っているのか、異常なのかは人と関わらないとわからないのです。

入会して3年目です。長男が1歳のとき、サークルに入会したんですが、はじめての子育てが男の子でわからないことだらけでした。息子が立ってひとりでおしっこをするようになったとき、おちんちんが風船のように腫れ上がってから散らすようにおしっこをするのを見て「ちょっとおかしい？？」と。先輩のお母さんに相談にしたり、ほかの男の子のおしっこをするところを見せてもらったりと、いろいろな解決法や身体の違いがあるんだなーとわかって、とてもよかったです。これがひとりで子育てしていたら悶々と悩んでいたと思います。（Bさん）

ほかの子を見たり、他人の子の世話をすることは本当に大事です。私は飲み物を3歳まで哺乳瓶であげていたお母さんを知っています。ほかの子育て中のお母さんとの接触がなかったようで3歳の子がコップで飲めると思っていなかったようです。その子は自分と同じくらいの子がコップで飲むのを見て、すぐにコップで飲むようになりました。人と関わらないでひとりで子育てをしていると他者と比べることができないのです。「ここは自分の育て方が悪かったかな？　ここは良かったかな」と、自分の育て方を反省するために他者と比べるのです。だからこそ、「預ける」ということは親が仲間といっしょに子育てをする場なのです。

長女が2歳のころ、階段の上り下りはまだ危ないと思って、いつも抱っこしていたんです。でもサークルに遊びに行くと、同年齢の子が階段を上り下りしているのを見て、歩かせていいんだと思いました。集団を見ないとわからないことがあ

るんですよね。(保育者Bさん)

**なか**には子どもを集団に入れると個性がなくなるという声も聞きますが、個性というのは集団の中で育つもので、皆んなが右を向けば右、左を向けば左を向かなければいけないといった集団主義と、集団で育てるということは違うのです。人を寄せつけないことが個性ではなく、皆んなの中でキラリと光っているのが個性です。

**は**じめて子どもを預ける方は、お母さんだけでなく子どももとどまって不安でいっぱい。その不安を大きくさせるのが、預ける時にとくに下クラスはびっくりするほど何人もの子が大泣きするんです。昨年からの持ち上がりの子も、仲良くなったお友だちや知っている保育者がいないので不安になって泣き出すんですが、自分の居場所をすぐに見つけて泣き止むのもはやいんです。それと保育者が少し時間をかけて接することで、お母さんに代わって自分を受け入れてくれる人がいるってことがわかってきて、じきに泣きやみます。(保育者Aさん)

**あ**りがちなのが、はじめてのお母さん、「こんなに泣いているのに置き去りにしていいのだろうか」とか、「まだ母親と別れる時期が来ていないのでは?」と悩んでしまう。そう思っているお母さんは、お迎えに来たとき、「ごめんね。ごめんね」と子どもに謝り、保育者には「すみません。すみません」とすみませんを繰り返すんです。子どもは不安な時に泣くのは当たり前。なによりその言葉を聞いている子の気持ちはどうでしょう。「風の子」

にくることは親に"あやまられるようなこと"なのだと子どもが思い込んでしまうかも。まだ「すみません」って"あなたは他人に迷惑をかける子なのよ"って言っているのと同じ。本人は社交辞令のつもりかもしれませんが、お母さんのその言葉を聞いて子どもは育つので。（保育者Bさん）

「風の子」は親が主体の会ですから、「預ける」ことの責任者は親。たとえ誘われてサークルに入ったとしても判断して決めるのは親です。では「預ける」にあたって、まず親の責任として、ひとつは気持ちよく預けられる子にすることが大事だと思います。保育される午前中、子どもがいちばんいい状態で遊べるようにすること。難しく考えることはないわ。人間は昼行性の動物ですから、日中活発に動き、夕方になると体温がさがり眠くなり休むように体ができているから、親が邪魔しなければ、自然とそうなるのです。普段は、11時くらいに起こすのに、「風の子」に預ける日は7時に起こすなんて不規則なことをしていると、子どもはイライラしてぐずり、仲間に入れない状態になってしまいます。子どもがいちばん楽しめる状態にすることが親の責任。

私は途中、休会もしたのですが、8年サークルにいます。5月の末に2歳の娘を初めて預けました。別れるとき、何も言わずポンと預けてしまったんです。どうやら娘は別れた後、ずっと泣いていたようで、保育者の方に「別れる時に、娘さんに預けること話したの?」と言われたんです。まだ2歳の子に言ってもわからない、自分の所有物のように思っていたんですね。頭をガツ

ンと殴られたような衝撃をうけました。(Dさん)

**お母**さんは、必ず帰ってくるからね」と言うことは大事。全部は理解できなくても何となく2歳の子でもわかるんだよね。

**私**も出産で途中抜けましたが戻って6年いたことになります。いつもこの「子育て」の時間にほかの方の話を聞くのは大好きで、その方の思いとかに共感して聞けるんですが、自分の思いや本心を話すことが苦手で、自分も話さなければいけないときに言いたいことが上手く表現できなくて、後で後悔ばかりしてました。最近は経験を重ねたせいか(笑)、そんなに緊張せずに話せるようになりました。(Eさん)

**大勢**の前で話すということは難しいことです。保育者Hさんがまとめてくれた通信のレポートを読んで、実際に自分が話したことと、ちょっと違うなと思うこともあるでしょう。でもHさんには、そう聞こえ伝わったのだから、「私の話がうまく伝わっていなかったんだぁ」とそう受け止めてみたらどうかしら。そうすれば次はもっと上手く話せるようになるでしょ。プライベートの場所で喋るのと違って、話し合いの場で自分の思っていることを話すのは高度なテクニックが必要なんです。皆さん、気づかないかもしれませんが、その力をつけていると思うわよ。

**い**い社会勉強だよね。(保育者Bさん)

## なぜ子育てに絵本？

この会に入るまで、1歳のわが子に本なんて読んでいませんでした。預け合いのときに、ほかのお母さんが読んでくれる絵本をじっと見ているわが子にびっくりしました。（Aさん）

**お**母さんに聞きたいのですが、「風の子」に入る前に絵本の読み聞かせをしていましたか？ 今の状況はどうです？（保育者Aさん）

**自**分が小さい頃、読んでもらって嬉しかった思いがあって、『ぐりとぐら』とか。お姉ちゃんに読んであげてます。家には知り合いからのいただいた絵本があるだけで、図書館まで行って借りたことはないんです。図書館で借りたり、買ったりして読んであげているお母さんはすごいなぁーと思います。（Aさん）

**私**はテレビで、子どもがお腹にいるとき、絵本を読み聞かせをしていると落ち着いた子になると聞いて、試してみようと思ったんです。（Bさん）

**う**ちは下の子が読めもしないのにお姉ちゃんに読んであげた本を読みたがって。絵本を読んでもらえる時間て、お母さんを独占できる時間だよねー。（保育者Bさん）

**絵**本の読み聞かせが子育てにいいというのはどういうところですか？（保育者Aさん）

**人**の話が聞けるようになるということ。集団で絵本を読んであげていると、「この子は普段、絵本を読んでもらっているんだなぁ」とわかる子がいます。じっと聞いてくれるのよ。人の話が聞けるということはとても大事な力だと思います。自由に遊ぶときは思いっきり遊んで、静かにお話を聞く、こういったメリハリのある生活ができてくる。これから社会で生きて行くには、大

事な基本になっていくのよね。(絵本の勉強会担当保育者)

お0、1、2歳の年齢だと、絵本選びが難しいですよね。昨今、たくさん出版されていますが……。絵本よりわらべ唄という声もありますよね。(保育者Aさん)

絵本はあくまで道具。親子の心のキャッチボールができるようになることが大切よね。その媒体として絵本やわらべ唄がある。だから1歳児なら絵本のたった1ページ楽しめればいいと思うし、『あんたがたどこさ』や『あがりめさがりめ』ましま せつこ作(こぐま社)の1ページを開いて親子でやって楽しんでみるとか。(絵本の勉強会担当保育者)

おもちゃも親子のコミュニケーションの道具のひとつだと聞いたことがあります。うちの息子は、いっしょに遊ぼうて感じで「これ読んで」と絵本を持ってきます。(Bさん)

絵本を子どもにと言うと、難しい本を選びがちだけど、保育をするようになって、その子の経験に沿ったものがいちばん楽しめるんだと最近わかってきて……。(保育者Aさん)

まずは、親子のキャッチボールの道具として、その親子なりの楽しみ方をしていってほしいと思います。豊かな世界を広げてくれる絵本を生活の中にとりいれて、親子で楽しんでいただきたいと思います。(絵本の勉強会担当保育者)

## 子育てに絵本「もの語る」

　人は一人ひとり、それぞれの「物語」を一生かけて紡いでいくのです。たったひとつの物語を。ジギルとハイドのように裏表のある人でも、そういう裏表のある人生という物語を、たった一回しか紡げないのです。子どもがいない人は子どもがいない物語を、子どもに悩まされている人は悩まされている物語を、たったひとつの物語として「今」紡ぎつつあるのです。私たちはなるべく楽しい物語を、なるべく充実した物語を、なるべく輝いた物語を紡ぎたいと思っています。でも世の中、自分の努力だけではどうしようもないこともあります。

　2011年の東北大震災も、被害に遭われた方々にとって思いもよらないことだったでしょう。紡ぎ途中の短い物語がそこで終わってしまった方もいらっしゃいます。本当に心が痛みます。でも、生きている私たちは、その試練をどう乗り切るか、その経験をどう織り込んで、その後の物語をどう紡いでいくか、それは一人ひとり違います。運命と努力を「綾」にして美しい深みのある物語を紡いでいく人もいるでしょう。運命に負けてぼこぼこ穴のあいている物語しか紡げない人もいるでしょう。

　私たちは、昔話をはじめ「ものがたり」とか「おはなし」とか言われるものに触れ、自分のたった一回だけの物語を紡ぐための参考にするのです。

　私は「子どもにとって良い本は？」とか「良いお話とは？」と訊かれると「生きる力が湧いてくるようなお話、生きる知恵や生きる技のヒントがたくさん詰まっているお話」と答えます。「おはなし」はフィクションが多いのです。つまり作り物です。作り物だからわかりやすいということもあります。作り物だからメッセージが整理されていて理解しやすいし、楽しく聞いてもらえます。でも、その「おはなし」を幼い子に伝えるときには、大人が語ったり読んだりします。「語る」というのは、吾（自分）を言う（伝える）ことです。その大人の「吾」も込めて語ったり読んだりしたいと思います。

## 藤田さんに質問です！

藤田さんが子育てしていたとき、困ったりわからなくなったとき、どうしてました？ 子育ての情報は？

・私が子どもだったころの近所の人の子育てを思い出してまねました。
・お隣にひとまわり年上の奥さんがいましたので、その方に相談しました。私の3人の子がしょっちゅうお邪魔していましたから、子どもたちのこともよく知っていて、その家のお兄ちゃんお姉ちゃんにも可愛がっていただきました。
・井戸端会議のような「お茶飲み」というのがあって、週に一度くらいは近所のどなたかの家でお茶をご馳走になりました。お茶菓子はなくてお漬物でした。そういう場で、さりげなく子育ての知恵や料理の仕方など教わりました。
・子育て仲間にも相談しました。

・育児書も読みました。当時流行っていたのは『スポック博士の育児書』で、これも読みましたが、たくさん読んだ育児書の中で参考にしたのは、松田道雄の『私は赤ちゃん』『私は2歳』でした。子育ての書というより生き方の書として、今でも時折読んで参考にしています。
＊『スポック博士の育児書』小児科医ベンジャミン・スポック（1903～1998年）刊行 42か国語に翻訳
＊『私は赤ちゃん』『私は2歳』小児科医・松田道雄（1908－1998年）刊行いずれも岩波新書。

子育て仲間はいましたか？

　社宅住まいでしたから、20軒ほどの一角に同じくらいの子が10人くらいいました。

　特に親しくしていたのは、私の長女（第一子）より半年上の子をもつ奥さんで、お互い気が合って、赤ん坊のころは、ほぼ毎日、2時間くらい1日おきに預けたり預かったりしていました。

　長女が1歳半のときから勤めに出たので、預けあいは解散。長男も次女も働きながら育てました。身分はパートに変更しましたが。

　土曜日の午後はわが家で「子ども文庫」を開いていたので、近所の子が大勢遊びにきました。手伝ってくれる仲間もいました。皆んなでワイワイガヤガヤと子どものことなど話し合いました。

　長女が入学してからはPTA仲間も加わって、子どもの本の読書会をしました。子どもの本をベースに学校のことや政治のことから夫の悪口まで、しゃべりあいました。

＊「子ども文庫」1950年代に母親を中心として、地域の子どもたちに読書の機会を提供する場として誕生。1960代後半〜70年代に発展し全国に広がる。

## 自分の子どもを育てる前に、赤ちゃんを育てる経験をしていましたか?

　子守り経験の最初は、8歳年下の妹の子守りです。
　高校時代から、近所のお寺で30人くらいの「孤児」を預かっていたので、手伝いに行っていました。戦争孤児を預かることから始めたようですが、私が手伝っていたころは、離婚などで育てられない子や望まれないで生まれた子も多かったようです。
　大学時代には1か月学校をサボって故郷、三春(福島県田村郡三春町)の季節保育所を手伝いにいきました。子守りのアルバイトもしました。

## 人と人が関わることを大事に思われているのはどうしてですか?

　人は一人では生きていかれないからです。迷惑をかけたりかけられたりしないと、生きていかれません。上手に迷惑をかけたり、気持ちよく迷惑をかけられたりする訓練が必要です。人とかかわることを学ぶには、人、つまり「相手」がいなくては学べません。それが、私の「仲間といっしょの子育て」を勧める理由です。家族数も少なくなり、地域の結びつきも薄くなってしまった現在、意識して仲間をつくらないと、関わり方が学べません。

関わる力を育み深めるためには、どういう環境がいいと思われますか？

　子どもが育つには「家族」「地域社会」「自然」が必要です。いま、どれもが弱くなっています。

・「家族」いろいろな年齢のいろいろな立場の人がいる家族が望めないなら、疑似家族として、ほかの家族と交流します。

・「社会」親以外の目、「社会の目」がなくなりました。近所付き合いも大事にしながら、気の合う仲間をつくって、大事なわが子をいろいろな目で見てもらうことが大事です。

・「自然」以前より貧しくなりました。人の手の入っていない自然の中で育てるのは難しいかもしれませんが、作られた公園でも、どろんこになって遊べば「自然」に近づけます。外遊びを大切にして、お日様や風や雪に触れることを心がけていれば「自然」に近づけます。

今と藤田さんが子育てしていたころと、いちばん変わったと思うことはなんですか？ 逆に変わっていないと思うことは？

変わった部分

・核家族が増えたこと。
・電化製品が増えて生活が便利になり過ぎたこと（過ぎたるは及ばざるが如し）。
・メディア製品（パソコンやスマホなど）が大人と子どもの区切りをなくしたこと。
・身近に自然（野原や小川や空き地、路地）がなくなったこと。
・子育てを「楽しむ」より「苦しむ」親が増えたこと。だから産まない。
・父親の子育て参加（大半は手伝い気分だとしても）が増えたこと。

変わらない部分

・母親が子を思う気持ち（方向性はともかく）
・子どもをとりまく環境は変わったけど、子どもそのものは変わらない。
・女性は子を産めば、直ちに母性愛にあふれると思い込んでいる役所人間。（特に男性）

## 仲間といっしょに子育てをしましょう

　一人目のときはちょっと無理すれば子どもの要求をすべて叶えてやれるのです。「だっこ」と言えばだっこしてやれます。「おんも」と言えば外にも連れていけます。「受け入れる」ことだけが母親の使命だと思いこんでいると、子どもはその母親の「弱み」を突いてきます。それも「ギャー」と泣けば要求を叶えてくれるとなると、子どもはこの「ギャー」をすべてのときに使いますね。「ギャー」で人を動かせると思いこんでしまうのです。赤ちゃんは生まれたときから言葉を貯え始めています。「おむつが濡れてるのね、さあ取り替えようね」と言いながらおむつを取り替えてあげれば、そうかこういうときには「ぬれている」「とりかえる」という言葉があるんだなと覚えます。「のどがかわいたねえ、さあお水飲みましょう」と語りかけて水を飲ませれば「みず」「のむ」を覚えます。言葉が言えるようになったら「おみずちょうだい」と言わせて水をあげれば、「こうしたい（水が欲しい）ときには、こうする（おみずちょうだいと言う）」ということがわかってきます。

　冷たい目を持てない親はここで待つことができません。わが子が水を欲しがっているのは見ればわかりますから、子どもがなにも言わないうちに水を差しだしてしまいます。デパートで「ギャー」と言えば人目を気にする母親がなにか買ってくれるという経験を一度でもすれば、子どもは「ギャー」で要求を通す方法を身につけます。一度その「くせ」がついてしまうと、子育てはますます手のかかる大変な仕事になって、母親は疲れ果て、子育てが楽しくなくなります。でもその「くせ」を直すのは簡単、ことあるごとに、人は「ギャー」では動かないものだということを示していけばいいのです。そのための「がまん」が親にできるかどうかが問題ですけれどね。世の中

「ギャー」では人を動かせないのです。人と付き合うには自分の要求を相手にわかるように伝える方法を身につけ、相手と折り合う方法を身につけなければなりません。

　昔のようなきびしく、いじわるな姑がいなくなった今、それを教えるのは母親（両親）の仕事です。けれど密室の中で、たった一人で熱い目と冷たい目を使い分けるのは至難の技です。おまけに1歳2歳の子はなにをしてもかわいいので、ついつい全ての要求を満たしてやりたくなってしまいます。

　「今の母親は子どもをかわいがってはいるかもしれないけど、育ててはいない、育てる力がない」などと私がイヤミを言うのはそういうことです。今の母親に力がないというより、時代が急激に変わったことと、今の親の親が（私を含めて）しっかり伝えるべきものを伝えてこなかったということです。いじわる姑にもなれず、孫の尊敬を得る力が（仕事を見せたり、遊んだり、おもちゃを作ったり、おはなしをしたり）ないものだから、お金（物）で孫の歓心を買おうとする祖父母のなんと多いこと！　だらしがないのは親だけではなく、大半の祖父母もそれ以上なのです。

　仲間といっしょに子育てをしましょうと私が呼びかけるのは、その至難の重荷を一人で背負わずに、まわりの人にお裾分けしましょう、まわりの人の重荷も少し引き受けましょう、いま実際のお姑さんはいじわるでもきびしくもないでしょうから、私のようないじわる婆ぁを利用して、また保育者の冷たい目を利用して、人と人の付き合い方を子どもにしっかり伝えましょう。そうすれば子育てがぐんと楽しくなってくる、そう思うからです。

## おわりに

　「風の子」は、母親が作り、母親が運営してきた子育てサークルです。お金も場所もないので地域の公民館や町内会館を借り、公園や河原で遊んだりして、もう28年続いてきました。活動日は子どもたちを保育者に任せ、親は親で活動してきました。「絵本の紹介・読み合い」と「子育てひいては自分の生き方についての話し合い」を中心に、あとはその年度の母親で相談し自然食や縫い物、お菓子作りや語りなどなど、学びたいことを学んできたのです。子どもが幼稚園にいく年齢になってグループを卒業しても、母親だけ残ってサポーターという立場で保育に当たったり、学習担当になって後輩の活動を援助してきました。
　この本はその長年の「話し合い」から、いくつかのテーマを選んでまとめたものです。毎年新しい会員が入会してきますから、同じようなテーマで話し合うことが多くなりますが、話し合いの結論を出すわけではありません。一応テーマを決めて話し合うのですが、いつも話はあっちへとび、こっちへとび、時間になったから今日はここまでという感じで終わっています。学校の授業や講演会では講演者がテーマに沿ってまとめて話してくれることが多いのですが、この話し合いはまとまりがありません。それぞれの人が言いたいことを言っているようにもみえます。でも、その中から、自分に必要な知識や知恵を選び取って自分のものにしていく、その力がつくのです。
　それと自分の思いをほかの人に伝わるように話すということは難しいことで、話しているうちに何を言いたいのかわからなくなってくることもあります。でも喋

るだけで悩みが解決することも、また聞くだけで解決することもあります。そしてそのうち自分もきちんと伝わる話し方ができるようになります。それを大事にしてきました。毎回の話し合いは1時間半、それを短くまとめたので話のつながりがわかりにくいかもしれませんが、私たちの話し合いに参加したつもりで読んでいただければ嬉しいです。その膨大な記録の中から、こんなふうにまとめてくださった編集の林さんに感謝します。また、この本の出版にあたり生活ジャーナルの山本尚由社長にお礼申し上げます。

　2016.11月

「風の子サークル」藤田浩子

子育てサークル「風の子」 http://kazenoko-circle.com/index.html

### 藤田　浩子（ふじた　ひろこ）

1937年東京生まれ。福島県三春町に疎開、昔話を聞いて育つ。東京都江戸川区の西小岩幼稚園など幼児教育にたずさわって50年あまり、親子で育ち合う「風の子」サークルの立ち上げに関わり現在に至る。短大・専門学校の幼児教育講師。各地で子育て講演会を行っている。

**主な著書**：藤田浩子の『絵本は育児書』『わらべうたあそび　このゆびとーまれ』（アイ企画）、藤田浩子の『赤ちゃんのあやし方　育て方』、『おはなしおばさんの小道具』正・続、『おはなしおばさんシリーズ』6冊、『おはなし小道具セット』①〜⑤、『のびる絵本　ほしい』、『冒険迷路ゲーム　おばけの森』、昔話に学ぶ「生きる知恵」シリーズ『化かす騙す』『機転を利かす』『馬鹿の鐘』『女の底力』（以上、一声社）『かたれやまんば』1〜5集・番外編（藤田浩子の語りを聞く会）、『あそべやまんば』1〜3集（むかしあそびの会）

---

子育てサークル「風の子」通信
仲間といっしょに楽しく子育て

2016年12月10日　初版第1刷発行

| | | |
|---|---|---|
| 編　著 | 藤田　浩子 | |
| 発行者 | 山本　成康 | |
| 発　行 | アイ企画 | |
| 発売元 | 生活ジャーナル | |

〒161-0033 東京都新宿区下落合4-4-3 山本ビル2F
TEL 03-5996-7442　FAX 03-5996-7445

| | | |
|---|---|---|
| 編集・製作 | 林　さち子 | |
| イラスト | 保坂あけみ | |
| 装　丁 | 椙沢清次郎 | |
| 印刷／製本 | （株）光陽メディア | |

乱丁・落丁本はお取り換えいたします。
ISBN978-4-88259-162-7　©kazenoko Printed in Japan